KB269516

마미랑 손잡고

천안

아미랑 손잡고 **천안**

초판 1쇄 발행 **2025년 9월 17일**

지은이 **충남지역사교육연구회**

펴낸이 **김선기**

편집 **이선주**

디자인 **작품미디어**

펴낸곳 **(주)푸른길**

출판등록 **1996년 4월 12일 제16-1292호**

주소 **(08377) 서울특별시 구로구 디지털로 33길 48 대륭포스트타워 7차 1008호**

전화 **02-523-2907, 6942-9570~2**

팩스 **02-523-2951**

이메일 **purungilbook@naver.com**

홈페이지 **www.purungil.com**

ISBN **979-11-7267-059-7 (03910)**

선생님들이 찾아낸 천안의 역사와 문화 이야기

아이랑 손잡고
천안

충남지역사교육연구회 지음

천안삼거리

푸른길

반짝이는 우리 아이에게
천안의 이야기를 들려줄 부모님께

　이 책은 '하늘 아래 평안한 곳'이라는 멋진 이름을 가진 천안 지역 곳곳에 있는 이야기들을 담았습니다. 이야기란 일정한 플롯을 갖추어 누군가에게 전하기 위한 목적으로 만들어진 말이나 글입니다. 어느 장소에 이야기가 있다는 것은, 그곳에서 무척 특별한 일이 있었음을 뜻합니다. 무엇인가 각별한 경험을 한 사람들은 '잊지 않겠습니다.'라는 다짐과 함께, 이야기를 만들고 그것을 영원히 기억하도록 노력하지요. 덧붙여 이 땅에서 앞으로 살아갈 사람들에게 전하고자 하는 소중한 메시지를 새겨 넣습니다. 지금보다 좀 더 나은 곳이 되길 염원하면서요.

　우리가 살고 있는 천안에는 어떤 이야기들이 있을까요? 이곳에서 살았던 사람들이 역사의 굽이굽이마다 겪었던 소중한 경험들이 궁금하지 않으

세요? 부모님께서 아이들에게 들려줄 소중한 이야기들을 이 책에 모아 보았습니다. 포근한 햇살이 넘치는 행복한 어느 날, 부모님께서 반짝이는 우리 아이와 함께 천안 지역 곳곳에서 재미있게 이야기를 들려주는 모습을 상상하면서요.

책을 쓴 우리는 학교에서 역사와 지리 그리고 사회를 가리치는 교사들입니다. 더욱 정확히는 사람들의 삶이 담긴 생생한 역사를 교육하기 위해 지역에 대해 연구하고 실천하려고 노력하는 교사들의 모임입니다. 우리가 학교에서 담당한 과목은 주로 역사와 사회입니다. 많은 아이가 어려워하고 따분해하며 외울 것도 많은 '암기 과목'으로 통하지요. 아마도 역사와 사회 과목이 나의 삶과 멀리 떨어진 지식으로 이루어졌기 때문일 것입니다. 경험해 보지 못한 옛 시대를 상상하는 일도 무척 어려운데, 나와 멀리 떨어진 장소에서 발생한 사건과 인물의 이야기이니 얼마나 어렵겠어요.

그래서 생각했어요. 내가 사는 고장에서 있었던 역사를 배우다 보면, 더 친숙하게 역사를 배울 수 있을 거라고 말이죠. 실제 학교에서 지역사 교육을 시도해 보니 아이들의 반응이 무척 좋았습니다. "그동안 수없이 다니던 길에 있었지만, 무심코 지나쳤던 옛사람들이 남긴 삶의 흔적들과 작은 기념비들이 비로소 눈에 들어왔어요." 지역의 역사를 배운 학생이 밝힌 소감입니다. 매우 감동스럽습니다. 아이들이 자기 삶에 시선을 두기 시작한 순간이기 때문입니다. 아무런 느낌 없이 암기한, 나의 삶과 동떨어진 지식은 공허하고 무용한 지식이 될 가능성이 큽니다. 오히려 참된 지식을 습득하는 데 방해가 되기도 하지요. 반대로 삶에서 배운 지식은 단단히 벼려진 힘을 갖도록 합니다. 아이들이 내가 사는 이곳에 시선을 두고 몸으로 느끼며 역사를 배우고 성장하길 바랍니다. 우리는 지역 교육이 삶의 힘을 기르는 교육이 되길 소망합니다. 이 책이 그 역할을 하는 데 이바지한다면 더할 나위 없이 기쁠 것입니다.

주변 사람들에게 천안의 역사를 다룬 책을 쓴다고 하니, 우려를 보인 분들이 많았습니다. 천안이 인접한 공주나 부여에 비하여 독자의 흥미를 끌 수 있는 소재가 부족하다는 이유에서였습니다. 하지만 그것은 기우였습니다. 집필을 위해 이야깃거리들을 모아 보니, 무척 매력적인 이야기들이 풍부하게 있었습니다.

비록 고대 왕들의 화려한 유물들이 출토되는 지역은 아니지만, 보통 사람들이 남긴 뜻깊은 이야기들이 많습니다. 고려 태조 왕건에 의해 주목받기 시작하였고, 인근 지역을 잇는 교통의 요충지로서 수많은 사람들이 만나 의미 있는 사건을 만들었습니다. 때로는 시대의 억압에 저항하며 새로운 해방구를 만들어 내기도 했고요. 일제 강점기에는 사람들의 독립을 향한 의지를 모아 표출하면서 '독립운동의 고장'이라는 큰 상징을 획득했지요. 그 정신은 우리가 사는 오늘까지 면면히 이어져 오고 있습니다. 우리 저자들이 만끽한 천안의 매력을 독자분들도 함께 느낄 수 있길 소망합니다. 물론 아이와 함께 이야기가 담긴 현장에서요.

저자를 대표하여 김경태 씀.

· 차례 ·

세성산과 성거산에서 새로운 세상을 꿈꾸다
테마 03

그날의 함성, 3·1운동의 고장 천안
테마 04

테마 05 독립의 염원과 여정을 간직한 천안

테마 06 식민지를 딛고 평화와 민주주의로

테마 01.
태조 왕건의 도시 천안

왕건이 올라 천하 통일을 꿈꿨던 곳

태조산

태조 왕건의 역사가 담긴 곳, 천안

천안은 한자로 '天安', 즉 '하늘 아래 편안한 곳'이라는 뜻입니다. 이런 이름이 붙은 때는 고려 시대로, 태조 왕건이 지었다고 전해 내려옵니다. 후삼국 시대가 끝나갈 무렵, 고려와 후백제는 바로 이곳 천안에서 세력을 다퉜습니다. 천안을 지나는 차령산맥이 그때 두 나라의 경계였기 때문입니다. 천안은 태조 왕건이 이 지역을 방문하고는 이곳이 전쟁을 끝내고 세상을 편안하게 하는 데 매우 중요한 곳이며, 그렇게 되기를 바라는 마음에서 붙인 이름입니다. 태조 왕건과 천안 지방에 얽힌 이야기는 『세종실록지리지』에 전하는데 그 내용은 이렇습니다.

고려 태조 13년(930년)에 동·서 도솔(천안의 옛 이름)을 합하여 천안부로 삼았다. 전설에 의하면, 예방이라는 풍수지리가가 태조에게 아뢰기를, "삼국의 중심으로서 다섯 마리 용이 구슬을 다투는 형세이오니, 만일 이곳에 큰 고을을 두면 백제가 스스로 와서 항복하오리다." 하므로 태조가 산에 올라 두루 살펴보고 천안부를 설치하였다고 한다.

그로부터 6년이 지난 936년(태조 19) 6월, 태조 왕건은 아들 왕무를 선봉으로 후백제 공격을 시작하여 9월에 후백제의 도읍 완산주를 점령함으로써 40년 가까이 계속되었던 후삼국의 다툼을 끝내고 통일을 이루었습니다.

천안이라는 이름뿐만 아니라 천안에는 태조 왕건과 관련된 장소들이 많습니다. 왕건이 직접 올라서 천안의 지세를 살폈다는 태조산을 비롯하여 고려왕이 머물렀던 절이라는 뜻을 가진 유려왕사, 군량미를 쌓아두었던 곳이었다는 유량동, 왕이 머물렀던 마을에서 비롯된 유왕골, 군대를 지휘하는 장대가 있던 곳이라는 뜻의 장태산, 말을 매어 놓았던 절이라는 마점사, 진군의 북을 울렸다는 뜻의 고정 등입니다. 이처럼 태조 왕건과 관련된 장소가 한두 개가 아닌 것은 우연이 아니겠죠?

태조산 가는 길, 천안에서 손꼽히는 트래킹 코스

태조 왕건과 관련된 여러 장소 가운데 가장 대표적인 곳은 태조산입니다. 왕건의 묘호인 '태조'를 산 이름으로 직접 붙였으니까요. 우리 역사에 '태조'가 두 분이 있다는 사실은 모르는 사람이 없죠. 고려 태조 왕건과 조선을 세운 태조 이성계입니다. 왕이 죽은 뒤에 붙여 주는 이름을 묘호라고 하는데요, '태조'는 나라를 세운 왕에게 붙이는 매우 권위가 높은 묘호랍니다. 그런 이름을 가진 산이 천안에 있고요, 천안의 태조산은 두 분의 태조 가운데 고려 태조 왕건에서 비롯된 이름인 거죠. 그래서 태조산은 천안의 상징이라고 할 수 있습니다.

그 명성에 걸맞게 태조산은 많은 사람이 찾는 곳입니다. 역사적 의미에 시내에서 가까운 장점이 더해져서 시민들이 가벼운 마음으로 오를 수 있는 곳입니다. 해발 420.1m로 높지도, 낮지도 않은 적당한 높이인 점도 매력입니다.

태조산에 오르는 길은 여러 가지입니다. 가장 대표적인 코스는 원성동 청송사에서 시작하는 코스입니다. 5.1km에 이르는 이 코스는 청송사 – 왕자봉 – 구름다리 – 대머리바위 – 유왕골고개 – 태조봉으로 이어집니다. 유량동 태조산공원이나 안서동 각원사에서 오르는 코스도 인기가 많습니다. 금북정맥을 종주하는 길에서도 태조산을 만날 수 있죠. 자, 그럼 '태조왕건길'이라고 이름 붙여진 청송사 – 태조산 코스를 함께 올라가 볼까요?

출발점인 청송사 앞에는 태조산 왕건길 안내판이 서 있습니다. 천안 곳곳에 스며 있는 태조 왕건의 발자취를 10개의 스토리텔링 보드에 소개하고 있다는 내용입니다. 산을 오르면서 운동과 함께 역사 공부도 할 수 있는 멋진 아이디어입니다.

태조산과 왕자산은 같은 산일까?

출발점에서 1.5km쯤 올라가면 전망대가 있습니다. 천안향교 뒤편인데 전망대 옆 봉우리를 왕자산(252.4m)이라고 합니다. 산 모양이 마치 한자 임금 왕(王) 자를 닮았다 하여 붙여진 이름입니다. 『신증동국여지승람』에는 '왕자산'에 대한 내용이 담겨 있습니다.

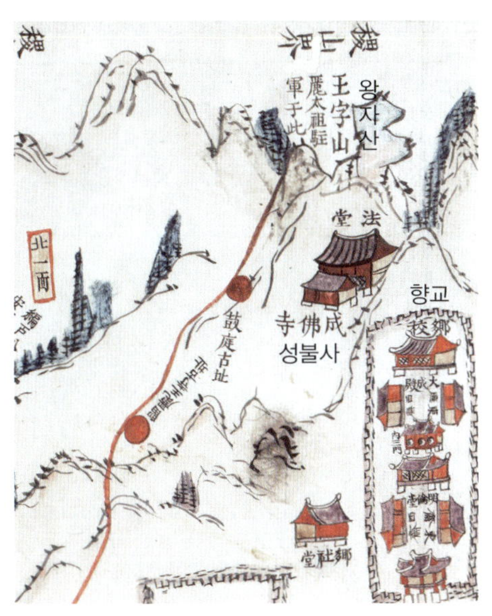

왕자산 일대(『1872년 지방지도』「천안군지도」)

왕자산은 군 동북쪽 12리에 있

는 진산으로 고려 태조가 이곳에 군사를 주둔시켰다. 윤계방이 아뢰기를 오룡쟁주 지세라 하여 성을 쌓고 왕자성이라는 이름을 내렸는데 그 산의 형세가 '왕(王)'자였기 때문이다.

앞에서 이야기한 『세종실록지리지』와 비슷하면서도 약간 다른 내용인데요, '예방'이라는 이름이 '윤계방'으로 바뀌어 있고, 『세종실록지리지』에는 산 이름이 쓰여있지 않지만 『신증동국여지승람』에는 '왕자산'이라고 쓰여 있습니다. 그 뒤에 나온 여러 책이나 지도에 왕자산이 기록되어 있습니다.

그런데 천안에는 왕자산이 하나 더 있습니다. 안서동의 백석대학교 뒷산이 또 다른 왕자산입니다. 하지만 안타깝게도 어느 것이 태조 왕건이 올랐던 왕자산인지는 정확히 알 수 없답니다.

태조산에서 가장 전망이 좋은 곳 대머리봉

왕자산을 지나 계속 올라가다 보면 구름다리가 나옵니다. 안서동과 유량동을 잇는 길을 건너기 위한 구름다리입니다. 오랫동안 태조산의 명물이었던 구름다리에서는 아찔한 스릴도 맛보고 전망도 즐길 수 있습니다.

하지만 전망은 구름다리를 지나 유왕골 고개 가기 전에 있는 대머리바위가 가장 좋답니다. 아주 커다란 화강암 덩어리로 이루어진 바위인데 대머리라는 이름처럼 나무가 자라지 않아서 확 트인 전망을 볼 수 있습니다. 이곳에서는 천안 시내가 전체적으로 내려다보이고 태조산과 왕자산도 잘 보입니다. 나무가 우거져 있어서 전망이 많이 가려진 태조산 정상에 비해 오히려 이곳이 더 전망이 좋답니다.

태조산과 금북정맥

대머리봉을 지나 조금 더 올라가면 삼거리가 나옵니다. 오른쪽은 태조산, 왼쪽은 성거산으로 가는 길인데 이 산줄기를 금북정맥이라고 합니다. '금북'이란 '금강의 북쪽'을 뜻하는데, 경기도 안성에서 시작되어 천안을 지나 충남 서천에서 끝을 맺는 산줄기로 대략 금강의 북서쪽에서 금강과 같은 방향으로 이어집니다. 천안에서는 위례산 – 성거산 – 태조산 – 취암산 – 차령산 등이 이 산줄기를 따라 자리를 잡고 있습니다.

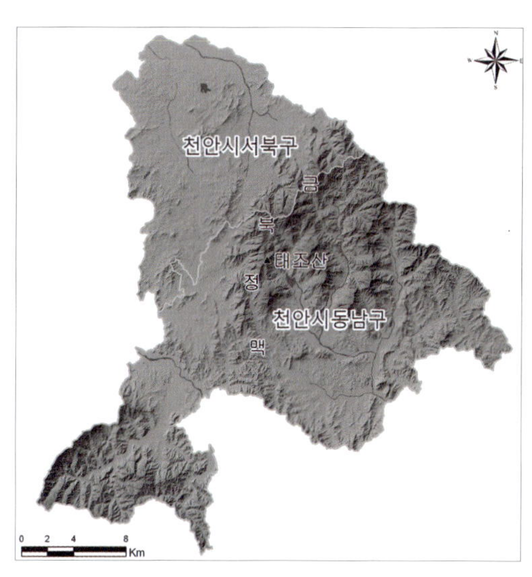

금북정맥과 태조산(『충청남도지』, 2000)

지금은 금북정맥이 천안시 한가운데를 지나가지만 조선 시대에는 천안 군의 동쪽 경계에 해당했습니다. 지금 금북정맥 동쪽에 있는 목천읍·병천 면·북면·동면 등은 조선 시대에는 천안군이 아닌 목천현에 속했죠. 즉, 금 북정맥은 조선 시대 천안군과 목천현의 경계를 이루었던 산줄기였고 태조 산은 그 중심에 있는 산입니다. 지금은 목천읍 덕전리에 속하는데, 대략 목 천읍과 유량동의 경계에 해당합니다.

그러니까 이곳 삼거리부터 태조산 정상까지는 금북정맥입니다. 거리는 2km가 조금 넘는데 능선이어서 그다지 오르내리기가 심하지 않아서 편하 게 걸을 수 있습니다. 가다 보면 유량동에서 올라오는 등산로와 만나기 때 문에 혹시 힘이 들면 내려갈 때는 이 길을 타고 가도 된답니다.

천안의 진산, 태조산

마지막 고바위길을 올라 마침내 태조산에 도착하면 정자가 반겨줍니다. 나무에 가려 전망은 썩 좋지 못하지만 시원한 바람을 쐬며 태조 왕건이 그 랬듯이 천안 시내를 굽어볼 수 있습니다.

태조산을 천안의 진산이라고 합니다. 고려 시대에는 풍수지리 사상이 널리 퍼져있었습니다. 그래서 행정치소 자리를 결정할 때 풍수지리 사상 을 많이 동원했죠. 천안은 좋은 사례라고 볼 수 있겠네요. '다섯 마리 용이 여의주를 다투는 자리'여서 큰 고을을 두었으니까요. 결과적으로 후삼국 통일을 이루었으니까 사람들 사이에서 풍수지리에 대한 믿음은 더 커졌겠죠?

조선 시대에 들어서서도 풍수 사상은 여전히 위세를 발휘합니다. 그래서 진산, 주산, 혈 등 풍수지리에서 중요시되는 장소들과 군현이나 관아의 입지와 관련된 풍수 이야기들이 많이 전해 내려옵니다. 진산이란 보통 '고을을 지켜주는 산'이라고 합니다. 그러니까 태조산은 천안을 지켜주는 산이라고 할 수 있겠네요.

태조봉(태조산)이라는 이름은 18세기 중반에 나온 『해동지도』라는 지도에 처음으로 등장합니다. 그런데 이 지도에 표시된 태조봉의 위치는 아까 지나온 왕자산과 비슷합니다. 그래서 왕건이 올랐던 왕자산의 다른 이름이 바로 태조봉이 아닐까 추측해 봅니다.

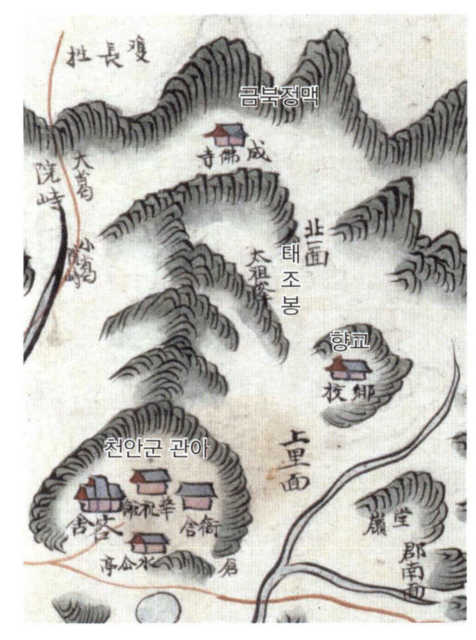

태조봉 일대 (『해동지도』 천안군)

일제강점기에 지금의 위치가 된 태조산

태조산, 또는 왕자산에 대한 기록이 옛 지도와 문서에 많이 나타나지만 사실 그 위치를 정확히 알아내기는 쉽지 않습니다. '관아에서 동쪽으로 10리'와 같은 형식으로, 대략적인 방향과 거리만으로 설명되어 있고, 지도 역시 오늘날 지도처럼 정교하지는 않았기 때문입니다.

정확하게 태조산의 위치를 표시한 최초의 지도는 일제강점기였던 1914년에 만들어진 지형도입니다. 바로 지금 우리가 알고 있는 그 위치에 태조산을 표시한 지도입니다. 이 지도가 표본이 되어 이후로 만들어진 지도들은 모두 태조산(태조봉)을 이곳으로 표시하고 있습니다.

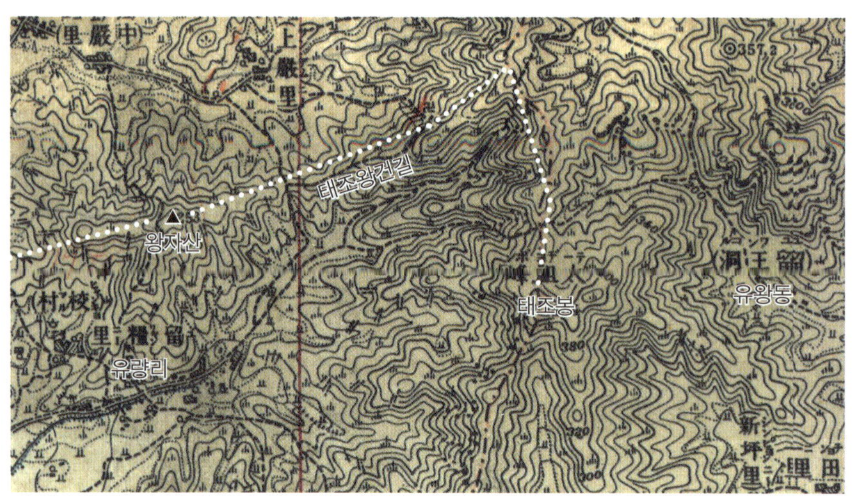

태조봉이 표시된 최초의 지도(『조선총독부 지형도』, 1914)

태조산에서 바라본 천안

태조 왕건이 올랐던 태조산, 두 개의 왕자산과 태조봉 가운데 하나인 것은 분명하지만 어느 산이 태조 왕건이 올랐던 산인지 정확히 알 수는 없습니다. 하지만 태조 왕건이 이곳 천안을 통일의 기반으로 삼았던 역사적 사실만은 틀림이 없습니다. 그리고 적어도 100년이 넘는 시간 동안 천안 시민들은 지금의 태조산을 왕건이 올랐던 태조산으로 의미를 부여해 왔습니다. 후삼국시대 삼국의 중심이었으며, 통일의 발판이었던 천안은 고려를 세운 태조 왕건의 발자취가 생생하게 담긴 왕건의 도시이며, 태조산은 '왕건의 도시'라는 천안 정체성을 구성하는 가장 대표적인 상징입니다. 태조산 왕건길을 걸으면서 몸도 마음도 튼튼하게 가꿔 봅시다.

왕건이 사랑한 땅, 흔적만 남은 영광의 시대

천흥사지

유적지 답사의 고수는 폐사지에 간다

'사지'는 이미 그 형태를 잃어버린 사찰 터를 말합니다. 하지만 진정한 답사의 고수는 이러한 폐사지를 가장 매력적인 곳으로 손꼽습니다. 『나의 문화유산답사기』를 쓴 유홍준 교수는 폐사지에 대해서 다음과 같이 설명했습니다.

깊은 산골에 폐사지. 절도 스님도 지나가는 사람도 없는 적막한 빈터, 뿌리째 뽑힌 주춧돌이 모로 누워 하늘을 바라보고, 무성히 자란 잡초들이 그 옛날을 엎어버린 폐사지에 가면 사람의 마음이 절로 스산해진다. 단청 화려한 건물에 금색 빛나는 불상을 모셔놓은 절집에서는 느낄 수 없는 처연한 정서의 환기가 있고, 고요한 절터에서는 사색으로 이끄는 침묵이 있다.

이러한 정서와 사색을 느낄 수 있는 천안의 폐사지가 바로 천흥사지입니다. 천흥사지를 둘러보면서 화려한 사찰과는 다른 폐사지의 매력을 찾아봅시다.

충청도 민심을 사로잡은 천흥사의 흔적

천안은 유독 고려 초기 사찰 관련 유적이 많이 남아 있는 지역입니다. 그중 천흥사지는 태조 왕건이 천안을 얼마나 중시했는지를 보여 주는 유적지입니다. 앞에서도 설명했듯이 천안은 왕건에게 후백제와의 통일 전쟁에서 군사적으로 매우 중요한 지역이었습니다. 천흥사지가 위치한 성거산은 왕건이 "산 정상을 오색구름이 감싸고 있는 걸 볼 때 지혜와 덕이 뛰어난 성인이 사는 산"이라고 하여 이름을 지었다고 전해집니다. 이후 936년에 후백제를 완전히 제압하여 후삼국을 통일시킨 왕건은 충청도의 민심을 사로잡기 위하여 성거산 기슭에 천흥사를 창건한 것으로 보입니다. 후삼국 당시 충청도 대부분의 지역이 후백제의 영역이었던지라 고려에 반감이 유독 컸기 때문에 이러한 민심을 돌릴 필요성이 있었던 것이지요. 천흥사를 건립한 정확한 연대를 알 수 없지만, 천흥사지에서 발견된 동종에 고려 시대 현종 1년(1010)에 만들어졌다는 문구가 남아 있습니다. 이로써 천흥사는 그 이전에 건설되었을 것으로 추정됩니다. 천흥사지 동종은 국보 문화재로 지정되어 현재 국립중앙박물관에서 관람할 수 있습니다. 천흥사라는 이름은 '천하가 평안해졌으니, 이제 천하가 흥해야 한다'라는 의미로 지어졌습니다. 이러한 천흥사는 천안의 대표적인 불교 사찰로 크게 번성했지만, 조선 시대에 불교가 탄압당하면서 역사 속으로 사라지고 말았습니다. 지금의 천흥사지에는 당간지주와 5층 석탑만이 덩그러니 남아 있게 되었죠. 이 두 문화유산을 답사하면서 고려 시대 찬란했던 천흥사의 위용과 폐사지에서만 느껴 볼 수 있는 특별한 정취를 느껴 보겠습니다.

지금의 천흥사지는 어떤 모습일까?

　성거읍에서 천흥저수지 방면의 좁은 길로 들어가다 보면 길가에, 천흥사지 5층 석탑을 볼 수 있습니다. 그 뒤편으로 대대적인 발굴 조사가 한창 이루어지고 있습니다. 천흥사지는 2023년 3차 발굴 조사를 통해 호서 지역 최대 규모의 왕실 사찰로 밝혀지면서 그 중요성을 확인받았습니다. 지금까지 사찰의 중심 건물인 금당으로 추정되는 건물과 2호의 건물지, 천흥이라고 적혀 있는 기와가 발견되었고, 고려 초기 사찰의 규모와 건축 구조를 확인할 수 있게 되었습니다. 아직까지 전체 천흥사지 유적의 5분의 1

도 발굴하지 않았다는 사실로 비추어 보면 그 규모를 짐작할 수 있지만 안타깝게도 민가와 과수원이 들어서면서 정확한 형태를 확인하기는 어렵습니다.

폐허 속 단출하게 남은 석탑

천흥사지 5층 석탑은 아주 전형적인 형태의 고려 시대 석탑으로 평가받고 있습니다. 크게 화려하지도, 거대하지도 않죠. 하지만 전체적인 양식은

천흥사지 5층 석탑

신라 석탑을 계승하고 있지만, 세부 양식의 변화를 통해 고려 시대 전기 석탑임을 추정해 볼 수 있습니다. 처음 발견되었을 때는 4층까지만 있었는데, 발굴 과정에서 맨 위의 한 층이 발견되어 오늘날의 모습이 완성되었습니다.

탑의 맨 아래층 기단에 보면 면마다 코끼리 눈이나 구름 모양을 닮은 조각이 새겨져 있음을 확인할 수 있습니다. 그리고 몸통 부분 모서리에 기둥 모양을 새겨 놓았고, 위로 갈수록 작아지는데 그 비율이 상대적으로 원만한 편이죠. 그리고 지붕의 너비가 상당히 좁고 위로 처마 끝이 가볍게 올라가 있습니다. 지금은 석탑을 둘러싸고 있는 주변의 지역을 대상으로 발굴 조사가 진행 중입니다. 이 5층 석탑 가까이에는 금당으로 추정되는 건물터가 나왔습니다. 주변을 둘러보면서 화려했던 고려 시대의 모습을 상상해 보시기 바랍니다.

화려했던 당간지주, 그 모습을 상상하다

천흥사지 5층 석탑을 등지고 한적한 마을 안으로 쭉 들어가다 실개천을 건너 골목길로 올라가면 천흥사지 당간지주를 볼 수 있습니다. 민가 속에 숨어 있어서 차보다 걸어서 움직이는 것이 좋습니다. 당간지주의 '당'은 사찰에 일이 있을 때 입구에 걸어놓는 깃발을 말합니다. 그 깃발을 내거는 장대를 '당간'이라 하고 '당간'을 지탱하는 돌기둥을 '당간지주'라고 합니다. 오늘날 학교에 있는 국기게양대와 비슷한 역할을 한다고 생각하면 됩니다.

천흥사지 당간지주는 조선 시대에도 꽤나 알려진 건축물이었습니다. 김정호의 『대동지지』에서 천흥사지 당간지주의 모양을 자세히 묘사하고 있죠. 그리고 「직산현지도」에는 당간지주와 함께 당간의 모습이 그려져 있어 그 원형을 짐작해 볼 수 있습니다. 그러나 안타깝게도 당간은 19세기 후반 이후에 잃어버리고 말았죠.

천흥사는 산의 북쪽에 있다. 국초에 폐사되었다. 고려 시대에 건립한 철장이 있는데 무릇 24개의 마디로 이루어져 있으며 둘레는 4줌, 한 마디에 10척이 된다. 위아래가 하나같다. 상단에는 은(銀)으로 보개(寶蓋)를 씌웠는데 수백근이 될 것이다. 멀리서 보면 하늘을 찌르는 듯하다

– 김정호, 『대동지지』(1866)

「직산현지도」(1872)

이제 지금의 천흥사지 당간지주를 살펴보겠습니다. 비록 화려했던 당간은 사라졌다 하더라도 기단부에 조각된 안상은 꽤나 정밀합니다. 천흥사

지 당간지주는 안상 안에 꽃무늬를 새겨넣은 것이 특징입니다. 당간지주에도 이렇게나 정성을 들였다는 것은 당시 천흥사의 화려함을 보여 주는 증거이기도 하지요. 하지만 지금의 천흥사지 당간지주는 민가들 사이에 우두커니 놓여 그 존재감과 화려함을 느끼기에는 아쉬운 점이 많습니다.

천흥사지 당간지주

폐허 속 영광의 흔적을 찾아서

천흥사지 5층 석탑에서 천흥사지 당간지주까지 걸어 보았나요? 두 유적지 간의 거리는 400m 정도로 꽤나 멀리 떨어져 있죠. 이 두 건축물이 하나의 사찰 안에 있었다고 하면 그 규모를 상상해 볼 수 있습니다. 당간지주가 있는 언덕에서 5층 석탑이 있는 곳을 내려다보세요. 그리고 눈을 감고 상상해 보세요. 그 넓은 마을을 꽉 채워 놓았을 법당과 사람들을 그려 보세요. 고려 시대 왕실의 지원을 받아 번성했던 사찰의 모습이 머릿속에 떠오를 것입니다. 아무리 화려했던 사찰도, 사람도 역사 속에서 영원할 수는 없습니다. 시간이 흐르고 시대가 변하면 사라지고 퇴색되기 마련이죠. 바로 이번에 살펴본 천흥사지처럼요. 천흥사지를 통해 그동안 가려져 왔던 천안의 화려한 흔적을 느껴보시기를 바랍니다.

천흥사를 한눈에 볼 수 있는 곳, 천흥저수지

천흥사지 5층 석탑을 오른쪽으로 끼고 쭉 올라가면 천흥저수지가 있습니다. 지금의 천흥저수지는 5월에 아름다운 금계국을 볼 수 있는 사진 촬영 명소로 유명합니다. 산책로가 잘 조성되어 있어 멋진 일몰도 볼 수 있죠. 그리고 뒤를 돌면 천흥사지를 안고 있는 마을을 한눈에 담을 수 있습니다. 역사 유적지는 이렇게 자연경관과 함께 볼 때 더 의미가 있죠. 아름다운 자연 속 고요하게 남은 고려 시대 석탑과 당간지주를 보며 처연한 정서와 고요한 사색을 즐기는 시간을 가져보시기를 바랍니다. 진정한 답사 고수처럼요.

통일 염원을 담다

청동대불상과 각원사

동양 최대 좌불상

'태조산 좌불상', 태조산 북쪽 산기슭에 자리 잡은 각원사에 있는 '각원사 청동대불'을 사람들은 그렇게 부릅니다. 혹시 각원사는 잘 모르더라도 좌불상은 모르는 사람이 없을 만큼 유명하죠. 이 좌불상에는 '동양 최대'라는 수식어가 늘 붙어 다닙니다. 앉아 있는 모습의 불상임에도 높이가 무려 15m이며, 몸무게는 60톤이나 된답니다. 근래에 다른 곳에 더 큰 불상이 조성되었다고는 하지만 귀의 길이가 1.75m이고, 손톱 길이만 30cm나 되어 여전히 세계 최대 수준이라고 합니다.

청동대불을 만나려면 긴 계단을 올라야 합니다. 계단의 수가 203개나 되는 이 계단은 '무량공덕 계단'이라는 이름을 갖고 있습니다. 무량공덕이란

각원사 통일기원 청동대불

헤아릴 수 없는 부처님의 공덕을 뜻합니다.

203이라는 숫자는 불법과 관계가 있는 숫자를 합해서 만들어졌습니다. 즉, 백팔번뇌, 관세음보살의 32화신, 아미타불의 48원, 12인연, 3보(부처·불경·승려)를 합친 숫자가 바로 203입니다. 203개의 무량공덕 계단을 올라야 비로소 각원사의 상징인 청동대불을 만날 수 있으니 계단을 오르는 것만으로도 부처님의 공덕을 느낄 수 있을 것 같습니다. 불자가 아니더라도 계단 중간중간에 새겨진 숫자를 찾아보고 그 의미를 생각하면서 걷다 보면 힘들지 않게 청동대불을 만날 수 있습니다.

무량공덕 계단의 아미타불 48원계단

이 불상의 본래 이름은 '남북통일기원 청동대불'로 아미타불입니다. 1977년 남북통일을 기원하기 위해 어느 재일동포의 시주로 불사가 이루어졌다고 합니다. 아미타불은 극락정토를 관장하는 부처로 '아미타불'을 외면 누구나 극락왕생을 할 수 있다고 합니다. 통일을 기원하는 아미타불이니 열심히 수행하면 통일과 극락왕생을 모두 이룰 수 있겠네요.

불국사 대웅전에 필적하는 각원사 대웅전

각원사 하면 먼저 청동대불이 떠오르지만 청동대불 외에도 볼거리가 많

각원사 대웅보전(출처 : 한국관광공사 포토코리아 − 김지호)

습니다. 절터가 3만여 평이나 되는데 그에 걸맞게 규모가 큰 절집들이 많은 것이 각원사의 특징입니다. 청동대불을 오른쪽으로 돌아서 조금 내려가면 대웅전이 있습니다. 200평이나 되는 대웅전은 불국사 다음으로 크다고 합니다. 대웅전 앞에 있는 태조산루 아래에는 거대한 치미(건물 지붕 용마루 양 끝에 얹는 장식물)가 전시되어 있는데, 대웅전의 치미와 크기와 모양이 같은 것이라고 합니다. 멀리 지붕 위에 있어서 크기를 제대로 가늠할 수 없으니 가까이에서 보고 크기를 제대로 느껴 보라는 뜻인 것 같습니다.

　대웅전 앞에서 아래를 내려다보면 시원시원 널찍한 마당과 마당 둘레에 자리 잡은 절집들을 볼 수 있습니다. 그리고 그 너머로 천안 시내가 아스라이 보입니다. 그중 눈에 뜨이는 건물은 태조산루입니다.

마애관음상

종각인 태조산루 또한 범상치 않은 크기입니다. 2층의 누각으로 되어 있어서 구조도 특이합니다. 그곳에는 '태양의 성종'이라고 하는 범종이 있는데, 무게 20톤에 높이 4.12m, 직경 2.5m나 됩니다. 이외에도 관음전, 영산전, 칠성전과 산신전 등을 두루 갖추었는데 한결같이 규모가 매우 큰 절집입니다.

마애관음상과 신장상

청동대불 뒤쪽으로는 작은 오솔길이 나 있습니다. 이 길을 따라가면 성거산에서 태조산으로 이어지는 금북정맥 능선을 만날 수 있습니다. 돌탑과 작은 불상들을 보면서 산길을 오르다 보면 산마루 바로 아래 자연석에 조성된 관세음보살상과 좌우 신장상을 만날 수 있습니다. 얼핏 보기에 꽤 오래된 마애불 같지만, 사실은 1990년에 조성되어 그리 오래되지는 않았다고 합니다. 하지만 관록이 느껴지는 마애불로 각원사의 숨겨진 또 다른 볼거리입니다.

통일의 염원이 담긴 태조산과 청동대불

청동대불 옆에는 남북통일기원비가 있어서 찬찬히 읽어 보면 통일기원 청동대불을 조성한 목적을 잘 알 수 있습니다. 창건자(법인스님)가 한국전쟁 중에 경주 불국사와 석굴암을 참배하였는데, 이때 삼국통일의 상징인 불국사와 같이 민족의 염원인 남북통일을 기원하는 절을 창건하기로 마음먹은 것이 각원사 청동대불의 출발이었다고 합니다.

후삼국 통일을 이룬 태조 왕건의 얼이 담겨 있는 태조산, 태조산 기슭에 남북통일기원 청동대불이 자리를 잡은 것은 우연이 아닌 것 같습니다. 태조산과 각원사 청동대불에서 통일의 꿈을 키워 봅니다.

고려 현종의 사람을 위한 마음

천안 봉선홍경사 갈기비

봉선홍경사 갈기비와 비각

시간이 지나도 변하지 않는 것 중 하나는 길입니다. 오랫동안 유지되는 길에서는 사람들의 이야기가 만들어지고는 합니다. 천안에서 경기도 평택으로 향하는 일번 국도를 지나다 보면 너른 성환 벌판의 대홍리에서 현재 천안에서 볼 수 있는 천안 유일의 국보 지정 문화유산이자, 천안 8경으로 선정된 '봉선홍경사 갈기비'를 마주합니다. 비서이 있는 마을의 이름인 대홍리는 대하리와 봉선홍경사가 있다 하여 붙여진 홍경리가 통합될 때 앞글자를 따서 지어진 이름입니다.

비석에는 당시 사람들은 물론 후대의 사람들에게도 전해 주고 싶은 이야기가 담겨 있습니다. 비석을 통해 우리는 과거의 사람들이 전해 주고자

봉선홍경사 갈기비와 비각

한 의미를 구체적으로 확인할 수 있습니다. 마을 이름에 담길 만큼 오랫동안 지역의 한자리를 지켜 온 봉선홍경사 갈기비에 대하여 알아봅시다.

봉선홍경사 갈기비는 봉선홍경사의 창건 목적을 전하는 비석입니다. 봉선홍경사는 고려 8대 국왕 현종 12년(1021

봉선홍경사 갈기비

년)에 완공되었고 봉선홍경사 갈기비는 사찰의 창건을 기념하기 위하여 현종 17년(1026년)에 세운 비석입니다.

단단한 돌에 새긴 글귀라 할지라도 시간이 지나며 훼손되어 의미를 온전히 파악하기 어려운 비석이 많습니다. 특히 고려 시대의 비석은 주변에서 찾아보기 어렵습니다. 봉선홍경사 갈기비는 국가유산으로 등재된 국보급 비석 중 단 두 개뿐인 고려 시대의 비석으로 그 의미와 가치가 큰 문화유산입니다.

그렇다면 고려 시대의 비석은 어떤 이유로 찾아보기가 어려울까요? 지금의 우리는 과거인들의 흔적이 남아 있는 유적과 유물 중에서 가치가 있다고 여겨지는 대상에 관하여 관심을 가지고 다음 세대에게 이어주기 위해 문화유산으로 지정하여 보호하고 관리하고 있습니다. 과거의 사람들도 마찬가지로 그 시대에 가치가 있다고 여겨지는 것에 대하여 관심을 갖고 지키기 위해 노력하였습니다. 봉선홍경사 갈기비는 과거의 사람들에게 어떠한 의미였을까요?

봉선홍경사 갈기비의 비문 내용은 해동공자로 잘 알려진 유학자 최충이 작성하였습니다. 고려의 뒤를 이은 조선은 유학을 숭상하는 사회였습니다. 조선을 살아갔던 사람들에게 우리나라에서 유학을 발전시켰던 최충은 훌륭한 학문적 스승이자 기억되어야 할 존재였습니다. 최충의 기록이 담긴 봉선홍경사 갈기비를 바라보는 조선의 유학자들에게는 현재의 우리보다 더 큰 의미로 아끼는 대상이었을 것입니다. 그렇다면, 이 땅을 살아온 수많은 사람이 가치 있게 지켜 온 봉선홍경사 갈기비 대하여 자세하게 알아보겠습니다.

　'봉선'은 사찰을 창건한 현종이 아버지 안종의 뜻을 받들고 '홍경'은 여러 사람에게 혜택을 베푼다는 의미입니다. '갈기비'의 갈(碣)은 일반적인 비석보다 크기가 작은 비석을 말합니다. 대개 지붕돌을 따로 얹지 않고 비석의 윗부분을 둥글게 처리하지만 봉선홍경사 갈기비는 일반적인 갈비와 달리 거북 모양의 받침돌과 머릿돌까지 모두 갖춘 일반 비석의 형태를 띠고 있는 것이 특징입니다. 기(記)는 봉선홍경사를 창건한 배경에 대하여 기록하였음을 의미합니다. 비문의 내용은 해동공자로 잘 알려진 유학자 최충이 지었고 백현례가 글씨를 썼습니다. 고려 시대 유교와 불교가 공존하는 사회상을 알 수 있는 단면입니다. 봉선홍경사는 단순한 불법을 전하고자 하는 사찰의 의미를 넘어 현종이 부모에 대한 효심과 백성을 향한 애민정신을 담아 건립한 사찰입니다.

험난했던 현종의 생애

　고려 8대 국왕 현종의 왕위 계승 과정은 일반적이지 않았습니다. 고려 초기에는 태조 왕건의 자손들 간에 결혼하는 족내혼이 성행하였습니다. 태조

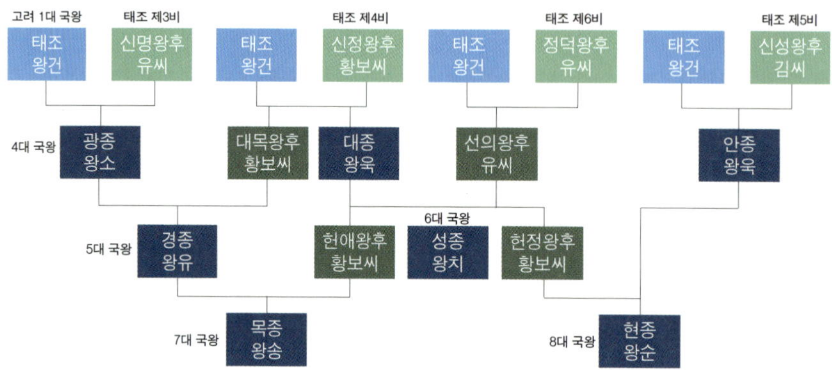

고려 현종의 계보

왕건의 손자로 태어났지만 아버지가 안종이었고, 어머니는 경종의 계비 헌정왕후 황보씨여서 큰 문제가 되었습니다. 당시 왕비는 왕이 사망하면 재혼이 금지되었기 때문에 헌정왕후의 임신은 매우 충격적인 일이었고, 헌정왕후의 친정에서는 이를 은폐하려 했지만 발각되고 말았습니다. 당시의 고려 6대 국왕 성종은 왕욱을 유배 보내고 곧이어 어린 왕순(훗날 현종)도 유배지에 함께 보냅니다. 시간이 흘러 강조가 정변을 일으켰고, 왕으로 옹립한 대량원군 왕순이 봉선홍경사를 창건한 고려 8대 국왕 현종입니다.

현종이 즉위한 지 얼마 지나지 않아 거란의 2차 침입(1010년)으로 수도 개경이 함락되어 현종은 나주를 향한 피난길에 오릅니다. 피난길에서 여러 고을 사람들의 습격을 받아 말과 물건을 도난당하거나, 향리에게 모욕을 당하는 일도 있었습니다. 현종은 천안, 공주 등을 거쳐 나주에 힘겹게 도착하게 됩니다. 거란의 침략이 끝난 이후 개경으로 돌아온 현종은 자신의 피난 경험을 바탕으로 지방행정 제도 정비와 같은 지방에 대한 정책을 시행하게 됩니다. 이러한 피난 과정에서 현종은 여행길에서의 어려움을 잊지 않고 후일 여행자의 보호와 편의를 생각하는 정책을 시행하게 됩니다.

봉선홍경사의 창건

현종은 거란의 2차 침략이 끝난 1016년, 현재의 성환읍 대홍리에 봉선홍경사 창건을 명하였습니다. 봉선홍경사 창건의 목적은 봉선홍경사 갈기비를 통해 알 수 있습니다. 불교를 통해 부모의 명복과 국가의 안녕을 빌고, 유교적 가치를 실현하기 위해 이 지역을 여행하는 모든 여행자를 보호하고 편의를 제공하기 위함이었습니다. 즉, 불교 수행을 위한 사찰의 성격과 관리나 상인 등의 공공 여행자들의 편의를 위한 여관이었던 원의 성격을 함께하는 공간을 조성하고자 하는 목적이었습니다.

현종의 아버지인 왕욱은 생전 불교의 경전인 『법화경』의 내용에 감명을 받아 사찰을 세우고자 하였으나 그 뜻을 이루지 못했습니다. 현종은 아버지의 뜻을 계승하여 봉선홍경사를 창건하였습니다.

현종에게는 아버지의 뜻을 잇는 의미 있는 사찰이었기에 그 위치를 선정하는 데 고심하지 않았을까요? 봉선홍경사 갈기비가 위치한 성환읍 대홍

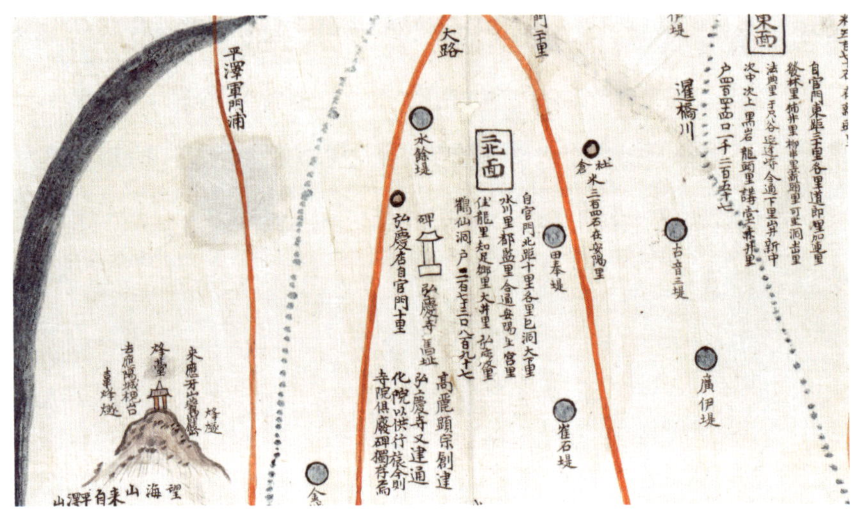

『1872년 지방지도』「직산현 지도」

리 일대는 지금도 충청남도에서 경기도로 이동하기 위해 지나야 하는 중요한 길목입니다. 길이 많지 않던 고려 시대에는 현재만큼이나 중요한 가치를 지닌 길목이었습니다. 또한, 지금은 아산만 방조제로 바닷물이 들어오지 않아 그 모습을 확인할 수 없지만, 고려 시대에는 아산만에서 들어오는 서해의 밀물이 안성천을 따라 성환 일대까지 들어아 채료아 우로가 교차하는 길목이었습니다. 길을 지나는 여행자의 심정을 공감하였을까요? 현종은 천안에 봉선홍경사를 창건한 이유를 험난한 땅으로부터 여행자를 보호하고, 승려를 모아 불법을 수행하기 위한 것이라고 말하였습니다.

직산현 성환역에서 북쪽으로 소 울음소리가 들릴 만한 거리에 새로 사찰을 설치하는 것이 바로 그와 같은 일입니다. 애초에 이곳에는 크고 작은 여관 하나 없어 사람들의 자취는 보이지 않았고, 갈대가 우거진 늪이 있어 강도와 도적들만 많았습니다. 그래서 비록 많은 길이 만나는 요충지였지만 실제로 다니기에는 어려움이 많았으니 태평스러운 때에 이를 그대로 막힌 상태로 둘 수는 없었습니다.

– 「천안 봉선홍경사 갈기비」 중

거란의 침략 당시 피난길의 어려움을 겪었던 현종은 공무를 수행하는 관리뿐 아니라 백성들도 여행에서 보호받아야 한다는 생각을 가졌던 것 같습니다. 그래서 봉선홍경사를 창건하며 약 200칸 규모의 큰 사찰과 함께 절의 서편에 80칸 규모의 광연통화원이라는 이름으로 여관을 함께 세워 여행자를 보호하고자 했습니다. 겨울에는 따뜻하고 여름에는 시원하게 하였으며 식량을 저축하여 말먹이도 충분하게 하였죠. 길 가는 나그네가 밤에 헤매다가도 낮에 쉬어 갈 수 있도록 하였습니다.

봉선홍경사는 승려들의 수행과 더불어 여행자들이 묵어갈 수 있는 여관인 원의 성격을 가진 사찰이었습니다. 왕실에서 건립한 직속 사찰로 고려 왕실 및 귀족과 깊은 관련을 맺으며 유지되었으나 고려 문벌 사회의 폐단 속에서 현종의 건립 의도와 달리 주변 지역을 수탈하는 기관으로 변질되어 갔습니다. 1177년(명종 7년) 공주 명학소에서 난을 일으킨 망이·망소이는 수도인 개경을 향하는 길목에 위치한 봉선홍경사와 광연통화원을 불태웠습니다. 망이와 망소이는 지역 및 신분차별에 저항했던 사람들인데요. 아마도 봉선홍경사가 당시 사람들에게 무척이나 많은 원성을 받았던 곳으로 생각됩니다.

이후 사찰은 다시 복원되었지만 조선의 숭유억불(유교를 숭상하고 불교를 억압) 정책에 따라 봉선홍경사는 철폐되어 홍경원이라 불렸습니다. 조선의 세종도 온양행궁으로 온천여행을 오가는 길에 들러 점심을 먹기도 하는 등 조선 초기까지는 여행자들을 위해 유지되었습니다. 조선 중기 이후에는 내버려져 성환의 너른 벌판에 봉선홍경사 갈기비만이 남아 부모의 뜻을 계승하고, 백성을 보호하고자 했던 현종의 마음을 전하고 있습니다.

오랜 시간 천안으로 들어오는 길목에서 여행자와 함께했던 봉선홍경사 갈기비와 함께 여러분도 천안에서 많은 이야기를 만들어 보시기 바랍니다.

조선 시대, 이야기 가득한 삼거리의 고장 천안

사람과 이야기가 모이는 곳

천안삼거리

어제도 오늘도 교통의 중심지, 천안삼거리

'천안삼거리 흥 능수야 버들은 흥' 혹시 이 노래를 들어 본 적이 있나요? 이 노래는 초등학교 교과서에도 실렸던 〈천안삼거리〉라는 민요입니다. 노래 중간에 '흥'이라는 말이 자주 나와 〈흥타령〉이라고 부르기도 합니다. 원래는 하나로 통일된 것이 아니라 다양한 가사와 가락으로 전래하던 노래였지만 현대에는 전국적으로 보편화한 〈천안삼거리〉라는 민요로 정착되었습니다. 노래 제목에 천안이 들어가지만, 경기 지방의 영향을 많이 받아 '경기 민요'로 분류됩니다. 경기 민요의 선율 형식이나 음조가 드러나는 특징을 보여 주기도 합니다. 천안삼거리에는 어떠한 이야기들이 숨겨져 있어 오늘날까지 전승되고 있을까요?

조선 시대에 충청도, 전라도, 경상도의 삼남 지방에서 한양으로 가는 여러 길 중의 하나가 천안삼거리였습니다. 전국 각 지역에서 사람들이 오고 가며 천안삼거리로 많은 이야기가 모였습니다. 그렇게 모인 이야기 중의 하나가 능소와 선비 박현수 사이의 이야기를 담은 능소 설화입니다. 천안 원삼거리 주막과 천안삼거리초등학교 근처의 마틴공원으로 이동해서 그 이야기들을 살펴봅시다.

능소 설화가 전해오는 천안 원삼거리 주막

먼저 천안 원삼거리 주막으로 가 봅시다. 천안 원삼거리 주막은 천안 버스 터미널에서 1번 국도를 타고 천안박물관을 조금 지나 우측 길가에 자리하고 있습니다. 버스를 타고 온다면 원삼거리 정류장에서 내리면 됩니다. 천안 원삼거리 주막은 조선 시대 제작된 지도들을 근거로 볼 때 조선 시대의 천안삼거리로 추정됩니다. 천안 원삼거리 주막은 조선 시대 주막을 그대로 재현했습니다. 다양한 국밥과 전 등의 전통음식들도 맛볼 수 있는데요. 바로 이 장소에 능소 설화가 담겨 있습니다.

능소 설화는 서울로 과거 시험을 보러 가던 선비 박현수와 삼거리 주막 능소의 이야기입니다. 전라도 고부의 선비 박현수는 과거를 보러, 한양으로 가는 길에 도적을 만나 크게 다친 상태로 천안삼거리 주막에 도착했습니다. 이

천안 원삼거리 주막 전경

때 주막집의 딸인 능소가 박현수를 돌봐주었고, 능소 덕분에 건강을 회복한 박현수는 과거에 급제하였습니다. 박현수는 능소 덕분에 과거를 볼 수 있었다는 것을 잊지 않고 능소에게 찾아가 청혼하고 혼례를 치렀다고 합니다.

이처럼 천안삼거리 설화가 만들어지고 전승되는 연유는 무엇일까요? 아마 천안삼거리가 조선 시대 사람들에게 중요한 의미를 지닌 지역이었기 때문일 것입니다. 조선 시대에 관리가 되기 위해서는 수도인 한양으로 가서 과거시험을 치르고 합격해야 했습니다. 오늘날과 달리 조선 시대에는 자동차나 기차와 같은 운송 수단이 없었습니다. 전라도, 경상도, 충청도의 선비들은 과거 시험을 보기 위해 천안삼거리를 지나가는 경우가 많았고요. 오랜 시간 걷거나 말을 타며 생긴 피로를 풀기 위해 삼거리의 주막에서 머물고는 했

습니다. 이 과정에서 많
은 사람이 만나기도, 헤
어지기도 했을 것입니
다. 그렇게 천안삼거리
는 과거를 보러 가는 사
람들을 둘러싼 이야기들
이 한데 모이는 장소라
는 특징을 보여 줍니다.

천안 원삼거리 주막
과 능소 설화를 뒤로하

김시민 동상

고 산책로를 따라 남쪽으로 걸으면 동상 하나가 있습니다. 이 동상은 임진왜
란 때 활약한 김시민 장군 동상입니다. 동상이 원삼거리 주막 근처에 세워진
이유는 김시민 장군이 천안 출신으로 임진왜란 때 진주성에서 일본과 맞서
싸운 장군이기 때문입니다. 주막 옆의 도로 이름은 충절로인데요. 이 도로가
지나는 지역에서 유관순, 김시민, 이동녕 등의 역사적 인물이 태어났고, 근
처에는 독립기념관이 있습니다. 천안의 역사적 상징 장소인 이곳이 조선 시
대에는 사람과 이야기가 모이는 장소로서 사람들 사이에 애틋하고 재미난
이야기들이 만들어지는 곳이었다면, 오늘날에는 충절의 고장으로 이야기되
고 있는 점은 많은 생각을 갖도록 합니다. 그것은 조선시대 이후 오늘날에
이르기까지 나라를 위해 헌신한 인물들이 많았음을 뜻하는데요. 한편으로는

그만큼 나라가 큰 역경을 겪었음을 의미하고, 사람들 사이의 소소한 이야기보다 나라를 먼저 생각하는 세상이 되었음을 의미하기도 하지요. 이처럼 원삼거리 주막에는 맛있는 음식과 재미난 이야기, 그리고 생각해 볼 거리들도 있답니다.

새로운 천안삼거리에서 6·25전쟁의 비극까지, 마틴 공원

이제 발걸음을 옮겨 천안삼거리초등학교로 가 봅시다. 천안삼거리초등학교의 북쪽 공터를 보면 조그마한 공원이 하나 마련되어 있습니다. 이 공원에 들어서면 몇 가지 조형물들이 눈에 들어오는데요. 먼저 천안삼거리라고 적혀 있는 바위 하나가 눈에 띕니다. 20세기 초에 새롭게 도로가 만들어지며 도로가 갈라지는 삼거리의 위치가 변하게 되었고, 옛 삼거리는 천안원삼거리, 새로운 삼거리는 천안삼거리라고 부르게 되었습니다. 아마 이 지역이 새로운 길이 만들어지며 생긴 천안삼거리라고 생각됩니다. 현재 남아 있는 천안삼거리 표지석은 이 지역이 과거에 천안삼거리로서 역할을 했음을 짐작하게 합니다.

천안삼거리 표지석 근처에는 마틴 공원이라고 새겨져 있는 바위가 하나 있습니다. 마틴 공원은 6·25전쟁 때 있었던 전투에서 전사한 마틴 대령을 기리기 위해 만들어졌습니다. 6·25전쟁 초반, 국군은 북한군의 기습 남침에 속수무책으로 밀렸습니다. 탱크로 무장한 북한군은 파죽지세로 밀면서 내려왔고, 이를 저지하기 위해 일본에 있던 미군이 급하게 파견되었습니다. 이들 중 로버트 마틴 대령이 있었고, 그의 목표는 미국 본토에서 미군이 도착하기 전에 북한군의 남하를 막는 것이었습니다. 급하게 투입된 미군은 전황 파악이 미숙하여 전투 준비가 부족하였고, 마틴 대령은 임명된 지 하루도 되지 않아 천안 7·8 전투에서 전사하게 됩니다. 마틴 공원과 관련된 이야기를 통해 우리는 6·25전쟁 당시 천안삼거리 역시 전쟁 속에 휩쓸렸음을 알 수 있습니다. 6·25전쟁은 멈췄지만, 아직도 계속되는 남과 북의 대립을 보며 우리는 아직도 전쟁의 그림자 속에서 살아가고 있는 것은

마틴 공원(앞)과 천안삼거리 표지석(뒤)

아닌가 생각해 보게 됩니다.

사람과 이야기가 모이는 천안삼거리 공원

천안삼거리를 기념하여 만들어진 곳이 바로 삼룡동에 있는 천안삼거리 공원입니다. 이 공원은 1970년대에 만들어지기 시작했고, 가로수로 천안시를 상징하는 나무 능수버들이 심겨 있습니다. 천안삼거리 공원을 둘러보고 공원에 담긴 이야기를 살펴봅시다.

공원 안에는 화축관의 문루인 영남루가 있습니다. 화축관은 조선 시대 임금이 행차할 때 머무르던 궁궐인 행궁의 하나인데요. 임진왜란 이후 선조 시기인 1602년에 만들어졌다고 합니다. 조선 시대에 임금이 온양 행궁으로 행차하는 과정에서 천안에 머물렀는데 화축관이 만들어지기 이전에는 벌판에서 유숙하기도 했습니다. 이에 1602년 화축관이 세워졌고 그 뒤로 임금은 화축관에서 머물렀다고 합니다. 일제강점기에는 경찰서 숙소나 헌병대의 사무실로 사용되었고, 광복 이후에는 학교 관사로 활용되다가 사라졌습니다. 현재는 안타깝게도 화축관은 남지 않고 화축관의 문루인 영남루만 천안삼거리 공원에 남아 있습니다.

공원 연못에는 풍수지리와 왕건의 이야기가 담긴 오룡쟁주상이 세워져 있습니다. 오룡쟁주란 다섯 마리의 용이 여의주를 얻으려고 다투는 모습

화축관의 문루인 영남루 (출처 : 한국학중앙연구원)

을 말합니다. 천안에는 용이 들어가는 동네 이름이 많습니다. 예를 들어 쌍용동, 삼룡동, 오룡동, 구룡동 등이 있습니다. 오룡쟁주의 이야기는 천안이 왕건과 밀접한 지역이었고, 왕건이 천안을 얼마나 중요하게 생각했는지 추측해 볼 수 있습니다.

천안삼거리 공원 안에는 삼룡동 3층 석탑이 있습니다. 삼룡동 3층 석탑은 고려 시대의 삼층 석탑으로 1961년 안서동에 사는 주민이 밭을 갈다가 유려왕사 터에서 발견되었습니다. 유려왕사란 고려의 왕건이 잠시 머물렀다는 의미의 절인데요, 이 석탑은 이후 천안삼거리 공원으로 옮겨져 지금에 이르고 있답니다.

교육과 통치를 넘어 생활의 장소로

천안의 세 향교

성현에 대한 존경과 예의를 배우는 장소

붉은색 문이 보입니다. 위를 보니 화살 모양으로 되어 있네요. 이 문의 이름은 홍살문입니다. 문 주변에 비석이 하나 있습니다. 이 비석의 이름은 하마비, 비석에 쓰인 글자는 '대소 인원 개하마' '지위가 높거나 낮거나 이 앞을 지날 때는 말에서 내려야 한다'라는 뜻입니다. 보통 하마비와 홍살문을 지니면 그곳은 궁 길, 능묘(임금과 왕비의 무덤), 문묘(공자의 사당), 서원 혹은 향교 등 존경과 예의를 표현해야 하는 건물이 있기 때문이에요. 그중 우리가 오늘 방문할 장소는 향교입니다.

향교는 마을을 뜻하는 향, 학교를 뜻하는 교의 의미를 지니고 있지요. 즉 향교란, 유교를 교육하기 위해 고려, 조선 시대에 국가가 각 고을에 설립한

관학 교육기관입니다. 관학이란 국가가 설립하여 운영하는 학교라는 뜻으로 오늘날의 공립학교입니다. 향교는 서당에서 초등 교육을 받은 후 입교할 수 있었습니다. 서당을 초등학교라고 치면 향교는 지방에 세운 공립 중고등학교라고 할 수 있습니다. 서원은 그에 반해 사설 교육기관으로 오늘날의 사립학교입니다. 우리가 고등학교를 졸업하고 수능을 치러야 대학에 입학하듯 향교, 사부학당, 서원에서 공부하고 초시라는 시험을 치러야 성균관에 입교할 수 있는 자격을 얻었습니다. 오늘날은 모든 사람이 학교에 입학할 수 있지만, 향교에는 양반만 입학할 수 있었습니다.

천안 향교 앞에 있는 홍살문과 홍살문의 옆의 비석이 하마비이다.

그렇다면 향교 앞에 하마비가 세워진 까닭은 무엇일까요? 공부하는 공간에서 예의를 갖춰야 하기 때문일까요?

향교는 공부뿐 아니라 다른 역할도 했습니다. 향교 안에 공자를 비롯한 유교 성현의 위패를 모신 문묘를 둔 것이지요. 문묘는 유교를 공부하고 실천한 선비들의 위패를 모시고 제사를 지내는 공간이었습니다. 조선 시대에는 한 고을에 하나의 향교를 설치했습니다. 나아가 향교의 교육과 운영의 책임은 해당 고을을 다스리는 수령에게 있으므로 향교는 관아 주변에 있었습니다. 모든 고을에서 향교를 통해 국가가 필요로 하는 유교 지식을 공부하고, 앞서 유교를 배우고 실천한 뛰어난 선비에게 제사를 지냈습니다. 향교에서 제사를 지내기 위해 가지고 있던 선비들의 위패는 중국 유학

〈표 – 동국 18현〉

※ 우리나라가 중국의 동쪽에 있기 때문에 예전에는 우리나라를 동국이라고 표현했습니다.

시대		신라	고려	조선							
동무	인물	설총	안향	김굉필	조광조	이황	이이	김장생	김집	송준길
	생몰	655~?	1243~1306	1454~1504	1482~1519	1501~1570	1536~1584	1548~1631	1574~1656	1606~1672
서무	인물	최치원	정몽주	정여창	이언적	김인후	성혼	조헌	송시열	박세채
	생몰	857~?	1337~1392	1450~1504	1491~1553	1510~1560	1535~1598	1544~1592	1607~1689	1631~1695

자와 한국 유학자를 더해 총 133위였으나 광복 이후 중국 유학자 중에는 공자 등 21명의 유학자와 우리나라의 유학자 18명(동국 18현)을 제향하는 것으로 정하였습니다.

왜 조선은 향교에서 유교 성현에게 제사를 지내게 한 걸까요? 향교는 단순히 공부하는 공간을 넘어 조선의 통치 이념을 백성들의 생활 속까지 스며들게 하기 위한 통치기구의 성격을 띱니다.

조선 건국 후 100여 년이 지난 1517년부터는 조선 건국을 반대한 고려의 충신 정몽주를 배향하기도 했습니다. 이는 그만큼 조선이 유교의 기본 원리인 충과 효로 국가를 다스리는 나라라는 것을 보여 줍니다. 우리나라(조선)를 반대한 인물까지도 이렇게 제사를 지내니 너희 백성들은 더더욱 충과 효를 비롯한 유교의 주요 이념을 생활화해야 한다는 것을 은근히 강조하는 것이죠. 이와 함께 여러 유교 행사를 진행하고 유교 예절을 잘 지킨 이의 포상을 건의했습니다. 직간접적으로 향교를 통해 유교 이념을 보급하며 백성

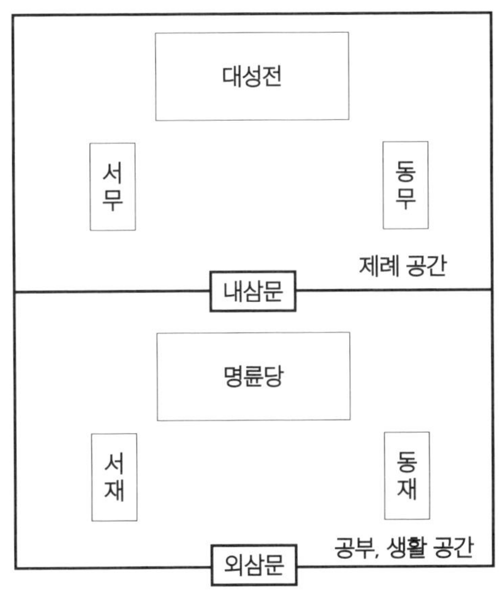

전학후묘 형태의 향교 구조

을 교화했습니다. 때문에, 향교는 사람들의 삶과 결코 떨어질 수 없는 장소였습니다.

향교의 기본적인 구조는 전학후묘(앞에 학문하는 건물, 뒤에 제사 지내는 건물을 배치)의 형태였습니다. 외삼문을 통해 들어가는 앞쪽에는 공부하는 공간인 명륜당과 학생들의 기숙사인 동재와 서재를 설치하는데요. 이를 강학 공간이라고 부릅니다. 내삼문을 통해 나가는 뒤편에는 성현의 위패를 모시는 대성전과 동무, 서무의 제례 공간을 배치하였습니다.

천안은 조선 시대의 천안군, 직산현, 목천현이 합쳐져 오늘날의 천안이 되었습니다. 따라서 각 고을에 하나의 향교가 설치되었으므로, 천안에는 목천 향교, 직산 향교, 천안 향교 3개의 향교가 있습니다.

향긋한 탱자 향기가 가득한 천안 향교

홍살문과 하마비를 지나 잘 정돈된 잔디 진입로를 걸어가면 외삼문이 보입니다. 천안 향교의 외삼문 앞에 서면 가장 먼저 느낄 수 있는 것은 상큼한 탱자의 향기입니다. 외삼문 주변에는 천안 향교와 역사를 같이하는 탱자나무가 있습니다. 560여 년의 세월이 넘었다는 나무는 한 번도 자리를 옮기지 않았다는 천안 향교의 역사를 보여 줍니다. 비록 임진왜란을 거치면서 건물이 파괴되기도 하였지만 1600년대에 지금의 자리에 재건되었습니다. 『신증

천안 향교의 대성전과 동무, 서무

천안 향교의 외삼문 옆에 자리한 탱자나무

동국여지승람』(1530)에 기록된 위치가 오늘날의 장소와 일치합니다.

천안 향교의 구조는 전형적인 전학후묘의 구조입니다. 대성전에는 공자를 비롯한 중국 유학자와 신라 시대의 설총, 최치원을 모

시고 동무와 서무에는 각각 8명의 고려와 조선 시대 유학자들의 위패를 모
시고 있습니다.

월요일을 제외하고 항상 개방하는 천안 향교는 지금도 봄과 가을에 성현
에게 제사를 지내며 예의를 갖춘 품위 있는 문화를 만들기 위해 노력하고 있
습니다. 또한, 전통 혼례 장소로 사용하는 등 오늘날 지역 주민을 위한 생활
장소가 되었습니다.

목천 향교의 홍살문. 문과 명륜당 사이에 집들이 있다.

과거와 현재가 공존하는 목천 향교

홍살문과 하마비를 지나 목천 향교로 올라갑니다. 목천 향교로 향하는 길 옆에는 마을 주민분들의 집 몇 채가 있습니다. 말에서 내려서 걸어가야 하는 향교로 가는 길에 집이라니! 조선 시대 목천 사람들은 이 모습을 상상했을까요? 이 길을 걸어 보니 향교가 더욱 우리의 삶에 맞닿아 있는 느낌입니다.

조그만 언덕 위에 보이는 목천 향교는 특이하게도 외삼문이 없고, 정문 바로 옆에 명륜당과 동재가 붙어 있습니다.

1779년 안정복이 쓴 『대록지』에는 목천 향교가 임진왜란 때 소실되어 현재 위치에 재건되었고, '명륜당이 3칸이고 동서재가 각 5칸이다'라고 되어 있습니다. 서재가 없고 명륜당과 동재가 붙어 있는 현재의 모습은 1800년대 이후에 중건하면서 만들어진 모습일 것이라 추측됩니다. 대성전과 동무, 서무는 모두 존재합니다. 위 기록을 참고하여 과거의 위용 있는 목천 향교 모습을 상상해 보는 것도 좋을 것 같습니다.

백제의 왕과 조선의 유교 문화가 만나는 직산 향교

직산 향교는 앞서 말한 두 향교와 비슷하면서도 다른 점을 가지고 있습

직산 향교의 명륜당

니다.

　하마비와 홍살문을 지나 외삼문으로 들어가면 명륜당을 볼 수 있습니다. 명륜당 너머에는 동재와 서재, 그리고 내삼문 뒤에 대성전이 있습니다. 혹시 다른 점을 찾았나요? 동무와 서무가 없지요. 동무와 서무는 건립 시기부터 없었다고 합니다. 대신 제사용품을 보관하는 전사청이 대성전 옆에 있습니다. 그 밖에 특이한 점이 또 있는데요.

　외삼문을 지나 주변을 한 번 더 살펴봅시다. 담장에 명륜당으로 이어지는 문이 아닌 또 다른 문이 있습니다. 이 너머로 가면 백제를 건국한 온조왕을 모시는 사당을 만날 수 있습니다.

왜 향교 주변에 온조왕 사당이 있는 것일까요? 온조왕 사당은 2015년에 현재의 위치에 복원한 것입니다. 원래 위치는 현재 직산읍 판정리 산직촌에 있었던 것으로 추정됩니다.

직산 향교 담장에 있는 문은 온조 사당과 이어진다.

조선 시대에는 조선의 왕들뿐 아니라 고조선의 단군, 기자와 삼국을 건국한 고주몽, 온조, 박혁거세, 그리고 고려를 건국한 왕건을 추모하는 제례를 지냈습니다.

삼국의 왕의 제사는 고구려, 백제, 신라의 수도에서 각각 지냈습니다. 고구려는 평양에서 신라는 경주에서 지냈지요. 그리고 직산에서 백제의 시조 온조에게 제사를 지냅니다. 왜 직산에서 제사를 지냈을까요? 조선 시대 초기까지는 직산이 백제의 수도라고 생각했습니다.

고려 시대 편찬된 역사서 『삼국유사』(1281)에 따르면 백제의 첫 수도인 위례성은 직산이라고 쓴 구절이 있습니다. 조선 전기에 편찬된 『고려사』(1451), 『삼국사절요』(1482), 『신증동국여지승람』(1530) 등의 책에서도 직

매년 양력 9월 18일 전후 직산 향교에서 주관하는 온조대왕 숭모제. (2024년 행사 사진)

산 지역이 백제의 첫 도읍지라는 기록이 있습니다. 조선 시대 직산현의 사람들은 자신의 지역이 백제의 첫 도읍이었다는 자긍심을 가지고 있었을 거라고 생각됩니다. 때문에 세종 대왕(1429년) 때 직산에 사당을 세우고 봄과 가을에 온조에게 제사를 지내기 시작합니다. 직산 현감이 준신이 되어 온조에게 2월과 8월에 제사를 지냈습니다.

온조 사당은 정유재란(1597~1598)을 거치면서 소실되고, 직산이 아닌 남한산성으로 옮겨집니다. 병자호란(1636~1637) 때 인조가 남한산성에 피신하고 군사 작전을 이어갑니다. 군사 주둔지의 신에게 제사 지내던 전통에 따라 남한산성에서도 지역의 신에게 제사를 지내려고 합니다. 그때 온조가 남한산성에 도읍했을 것으로 추정하며 온조에게 제사를 지내게 합니다. 전쟁이 끝난 후에도 남한산성에 온조왕 사당을 지었습니다. 그 이후 남한산성의 온조왕 사당은 숭렬전이라는 이름으로 제사를 지내게 됩니다. 이후 직산이 백제의 수도였다는 인식도 점차 잊혀지게 되었습니다.

직산에서는 2001년 직산현 관아에서 제사를 지낸 것을 시작으로 2014년부터 직산 향교가 주관하여 숭모제를 지내고 있습니다.

이는 과거 백제의 첫 번째 수도였다는 직산현 사람들의 자긍심을 오늘날에도 이어가고 있는 것이 아닐까요? 그밖에도 직산 향교는 특설무대를 설치해 다양한 음악 공연을 하는 등 지역민들을 위한 다양한 프로그램을 운영하고 있습니다.

과거 교육과 통치의 장소였던 향교는 이제 우리 주변의 친숙한 생활 공간이 되었습니다. 향교에서 결혼식을 하고, 음악회와 마당극을 하며 홍살문 안에 집을 지어 살고 있습니다. 조선에 살았던 사람들은 상상도 못했을 것입니다. 변치 않은 점은 언제나 향교는 우리 주변에 있다는 것입니다. 조선 시대 향촌 사회에서 뗄 수 없는 관계였던 향교는 이제 문을 활짝 열며 우리를 반기고 있습니다. 이번 주말, 홍살문과 하마비 너머의 공간으로 같이 떠나 볼까요?

조선의 코페르니쿠스를 찾아서

홍대용 과학관

조선의 천문학자, 홍대용을 찾아서

이 별은 소행성 홍대용입니다. 별의 이름이 우리나라 역사 인물로 된 경우가 종종 있는데요. 소행성 홍대용은 조선 후기의 실학자이자 과학자인 홍대용에게 헌정되어 이름 지었습니다. 2001년에 한국의 천문학자인 전영범과 박윤호가 처음 발견하였죠. 그 외에도 최무선, 장영실, 허준, 유방택 등 조선 시대 과학기술인들 10여 명이 소행성 이름으로 등록되

어 있습니다. 홍대용이 어떤 과학기술자이기에 별의 이름을 받을 수 있었던 것일까요? 천안을 빛내는 인물 홍대용에 대해 알아보고 그를 기념하는 홍대용 과학관으로 가 보겠습니다.

홍대용, 조선의 세계관을 뒤흔들다

홍대용은 조선 후기 대표적인 북학파 실학자입니다. 실학자는 보통 정치에서 소외된, 비주류의 학자라는 이미지가 있지만, 홍대용은 명문 양반가에서 태어났습니다. 그래서 젊은 시절 유명한 성리학자인 김원행을 스승으로 삼아 오랜 시간 정통 유학을 공부하기도 했죠. 쉽게 엘리트 코스를 밟아 승승장구할 수 있었던 홍대용은 과거 시험에 뜻을 두지 않고 과학기술, 경제학 등 자신이 하고 싶었던 학문을 연구하는 데에 매진했습니다. 입신양명을 인생의 목표로 두었던 그 시대의 사대부와는 다른 선택을 한 것입니다.

홍대용은 한국의 코페르니쿠스라는 별명을 가지고 있습니다. 코페르니쿠스는 16세기 신 중심의 세계관에서 통용되던 천동설(지구중심설)을 반박하고 지동설(태양중심설)을 주장한 인물입니다. 사람들의 인식과 세계관 자체를 변화시켰기 때문에 '코페르니쿠스적 전환'이라는 말이 생기기도 했습니다. 홍대용 역시 중국 중심의 세계관이 통용되던 조선 시대에 지구자전설과 지구구형설, 우주무한론을 주장하여 세상의 중심이 중국이 될 수 없음을 강조했습니다. 당시로는 파격적인 생각으로, 매우 용기 있는 행동이었습니다. 조선은 성리학의 나라이고, 성리학은 중화사상을 기반으로 하고 있습니다. 그래서 아주 오랫동안 중국이 세상의 중심이라고 생각했어요. 중국 밖에 있는 세계는 다 오랑캐의 세계였죠. 조선에서 태어난 사람들은 당연하게 중화사상을 중심으로 한 세계관에 살고 있었는데, 홍대용이 이를 의심하고, 비판하고, 논증했습니다.

또한, 홍대용이 제시한 '인물균' 사상은 기후 위기를 겪고 있는 우리에게 중요한 깨달음을 줍니다. '인물균' 사상은 국가와 국가 간의 상하관계가 없는 것처럼 인간과 생태계도 마찬가지라고 주장합니다. 누가 더 우월하거나 열등하지 않다는 것이지요. 지금 우리는 지구온난화로 큰 위기를 겪고 있습니다. 인간은 자연을 무분별하게 사용했고, 그 화살이 지금의 인간에게 되돌아오고 있죠. 너무나 오만한 인간 우월주의적인 사고방식으로 동식물뿐만 아니라 전 지구에 걸친 기후에까지 영향을 주고 있는 것입니다. 이제 우리도 홍대용처럼 인간 중심적인 생각에서 벗어나 모두 함께 살아갈 수 있는 사고방식이 필요할 때입니다

홍대용의 이러한 용기는 친구들의 지지가 있었기 때문에 가능했습니다. 그는 조선과 중국 청나라에서 다양한 친구들을 사귀었어요. 특히 29세에 호남지방의 대표적인 실학자 나경적을 만나서 함께 혼천의, 자명종과 같은 천문기구들을 함께 만들기도 했고요, 북학파 실학자의 대표주자인 박

지원과는 25세부터 교우했습니다. 36세에 방문한 청나라에서는 엄성, 반
정균, 육비 등의 중국 선비들과도 친분을 쌓았죠. 그중 엄성은 홍대용에게
초상화를 그려 주기도 했습니다. 청나라에 다녀온 후 홍대용은 자신의 경
험과 정보를 박지원, 이덕무, 박제가 등 친구들에게 전해 주며 그들에게 많
은 영향을 주었습니다. 특히 박지원은 홍대용이 53세에 중풍으로 별세하
자 묘지명을 써줄 정도로 각별한 사이였습니다. 우리는 이렇게 홍대용과
교류했던 친구들을 북학파 실학자라고 부릅니다. 그들의 혁신적인 주장은
그 시대에 정책적으로 받아들여지지는 못하였지만, 현실 개혁적인 성향과
개방적 태도는 개화파에게로 이어져 새로운 문물을 수용하는 사상적 뿌리
가 되어 주었습니다.

홍대용과 우주를 모두 한곳에, 홍대용 과학관

홍대용 과학관은 홍대용의 삶과 사상뿐만 아니라 다양한 과학적 경험을
제공하는 특별한 장소입니다. 홍대용 과학관이 위치한 수신면은 청주와 천
안 가운데에 위치한 지역으로 큰 건물이나 번쩍이는 조명을 찾아보기 어려
운 곳입니다. 그리고 상당한 경사의 오르막길을 올라야 하는 언덕에 자리를
잡고 있습니다. 천문 관측에 유리한 곳은 주변이 탁 트이고 조명이나 불빛이
없는 장소입니다. 홍대용 과학관은 천문 관측을 하기에 아주 유리한 입지 조

홍대용 과학관의 외관

건인 셈이지요. 바로 이 마을에서 홍대용이 태어났습니다. 그래서 홍대용 과학관 아래에 홍대용 생가로 추정되고 있는 장소가 있고, 근방에 홍대용 선생 묘소도 자리해 있습니다. 이제부터 홍대용 과학관을 살펴보겠습니다.

별빛마당에서 조선의 천문학자가 되어 보자

홍대용 과학관의 앞마당으로 들어서면 병천천이 흐르는 모습을 볼 수 있습니다. 그 앞에는 다양한 고천문기구들이 기다리고 있죠. 주차장 쪽부터

(위) 달빛마당의 앙부일구, (가운데) 달빛마당의
측우기, (아래) 농수각 트릭아트

앙부일구, 인간해시계, 소간의, 혼상, 측우기 순서로 살펴볼 수 있습니다. 앙부일구는 세종대왕이 제작한 해시계인데 장영실이 참여한 것으로 알려져 있죠. 인간 해시계는 가운데에 서 있는 사람의 그림자를 통해 직접 시간을 확인해 볼 수 있습니다. 소간의는 천체의 자리를 관측하는 천문관측 기구이며, 측우기는 강우량을 측정하는 기구이죠. 이러한 옛 천문기구들은 조선 시대 과학기술의 발전 정도를 확인할 수 있게 해 줍니다.

이제 홍대용 과학관 입구로 가 보겠습니다. 입구 앞에는 '농수각'의 그림이 그려진 입체 트릭아트 포토존이 있습니다. 홍대용은 자신의 집 앞 연못 가운데 있는 건물에 자신의 천문 기기들을 설치해 두었는데요. 그 건물이 바로 조선 시대 사설 천문대인 농수각입니다. 남겨진 기록에 따르면 농수각에는 통천의, 혼상의, 측관의, 구고의, 후종 등 다양한 천문기구들이 있었던 것으로 보입니다. 홍대용은 이 농수각을 아주 자랑스러워했어요. 그래서 청나라에 갔을 때 청나라 학자들에게 소개했고, 자신의 친한 친구들을 초대하기도 했어요. 하지만 안타깝게도 아직 농수각의 흔적을 찾지 못했습니다.

홍대용의 세계관을 체험할 수 있는 공간

홍대용 과학관 1층에는 강당과 천체투영관이 있습니다. 천체투영관은 우주와 행성, 달에 대해 실감나게 알려주는 영상을 상영해 주는데, 의자가 뒤로 젖혀져 누워서 하늘을 보는 느낌을 줍니다. 시간대별로 상영하기 때문에 정확한 시간대를 확인하고 따로 입장권을 구입하여 입장해야 합니다. 그리고 2층은 기획전시실로 꾸며져 있습니다. 기획전시실은 시기별로 다른 전시가 이루어지는데요. 다양한 고천문 기기들이 전시되기도 합니다.

홍대용 과학관의 중심 공간이 3층에는 홍대용 주제관, 과학사 전시관, 과학체험관이 준비되어 있습니다. 특히 홍대용 주제관에는 홍대용의 일생과 박지원을 비롯한 그의 친구들, 그의 저술과 사상을 살펴볼 수 있습니다. 홍대용 주제관을 지나면 과학사 전시관을 관람할 수 있습니다. 그곳에서는 다양한 천문 관측기구들의 모형과 쓰임새를 확인해 볼 수 있습니다. 과

홍대용 과학관의 내부

학체험관에서는 우주 지질 체험, 무중력 체험, 원심력 자전거 체험 등의 다양한 체험 기구와 재미있는 사진 촬영 장소들이 제공되고 있습니다.

　마지막 4층에는 관측실이 있습니다. 낮에는 태양의 흑점을 관측해 볼 수 있습니다. 만약 야간에 달과 행성을 관측하고자 한다면 온라인을 통해 사전 예약을 해야 합니다.

역사와 과학을 동시에 즐기다

홍대용 과학관은 천안 사람들에게 많은 사랑을 받는 장소입니다. 역사적 지식과 과학적 체험을 동시에 경험할 수 있는 곳이기 때문이죠. 그래서인지 가족 단위의 관람객들이 많이 방문하고 있습니다. 조선 시대를 대표하는 과학기술자들은 아주 드뭅니다. 장영실과 홍대용이 알려진 인물로는 유일하다고 할 수 있을 정도죠. 그중 홍대용은 과학적 업적뿐만 아니라 세계관의 변화라는 역사적 의미를 지니기 때문에 그 중요도가 높습니다. 게다가 천문학적 업적을 갖춘 인물이라는 점에서 다양한 천문학적 경험을 쌓을 기회를 부여할 수 있도록 과학관을 꾸며 놓았죠. 홍대용 과학관에서 특별한 체험을 경험해 보시길 바랍니다.

은석산 계곡길 따라 걷는 문화 탐방로

암행어사 박문수 테마길

'암행어사' 박문수의 묘가 천안에 있는 까닭은?

'암행어사'로 잘 알려진 박문수(1691~1756)의 묘가 천안에 있습니다. 동남구 북면 은지리, 은석산 정상 남쪽 산마루가 그곳입니다. 그의 묘가 이곳에 있는 까닭은 무엇일까요?

본래 박문수의 집안은 대대로 황해도 장단에 살았습니다. 그런데 박문수는 부모를 일찍 여의고 경기도 진위(지금의 평택)의 외가에서 자랐습니다. 그가 태어난 곳도 외가였습니다. 천안과 이웃한 경기도 안성 칠장사는 수능시험 전에 수험생 학부모들이 몰려와서 기도하는 장소로 유명합니다. 박문수가 이곳에 와서 소원을 빌고 과거에 합격했다는 이야기가 전해 내려오기 때문입니다. 이처럼 그가 태어나서 자라고 공부한 평택과 안성은 천안에서 가까운 곳이기는 합니다. 하지만 그때까지 박문수는 천안과는 아무런 연고가 없었습니다.

박문수가 천안과 인연을 맺게 된 것은 은석산 일대의 땅을 하사받았기 때문입니다. 고려 시대 이래로 나라에 큰 공을 세운 신하에게는 '공신'이라는 칭호를 내리고 상으로 땅을 주었습니다. 박문수는 영조 4년(1728)에 일어난 '이인좌의 난'을 평정하는 데 공헌함으로써 공신이 되어 은석산 일대의 땅을 상으로 받았습니다.

박문수는 생전에 스스로 은석산에 자신의 묫자리를 정했다고 하며, 실제로 세상을 떠난 뒤 이곳에 묘를 썼습니다. 그 이후로 후손들이 묘 아랫마을에 모여 살게 되어 은지리는 오랫동안 고령박씨 종족촌락을 이루고 있었습니다. 하지만 지금은 이 마을에 남은 후손은 없고 재실과 신도비만이 마을에 남았습니다.

박문수 동상과 재실, 그리고 신도비

재실은 묘 제사를 준비하는 집을 말합니다. 이 재실은 1932년에 후손이 살림집으로 지었는데, 해방 이후 재실로 활용하게 되었다고 합니다. 살림집이었기 때문에 사랑채와 안채가 있는 규모가 큰 집입니다. 사랑채에는 '시서일가(詩書一架)'라는 글귀를 적은 현판이 걸려 있습니다. '책이 책꽂

박문수 동상과 신도비, 그리고 고령박씨 종중 재실

이에 가득하다', 또는 '시와 글이 모두 경지에 이르렀다'는 의미입니다.

재실 앞에는 박문수 신도비와 동상이 있습니다. 묘지를 안내하는 비석인 신도비는 원래 종2품 이상의 높은 관직을 지낸 사람에게 내립니다. 그런데 은지리에 있는 박문수 신도비는 당시에 세워진 것이 아니고 2009년에 세워졌습니다. 박문수의 후손들이 젊은 나이에 세상을 떠나는 바람에 신도비를 세우지 못했기 때문에 뒤늦게 고령박씨 종중에서 세우게 된 것입니다. 다행스럽게도 신도비의 글은 남아 있어서 뒤늦게라도 비를 세울 수 있었습니다. 박문수의 신도비는 그의 고손자인 박영보(영선군, 1808~?)가 지었습니다.

박문수 테마길과 은석산

재실과 신도비, 동상 등을 둘러본 다음 박문수의 묘가 있는 은석산에 오릅니다. 은지리 마을에서 해발 455.8m인 은석산 정상까지는 제법 가파른 등산로를 걸어 올라가야 합니다. 박문수 묘는 정상 약간 아래에 있습니다. 두 갈래 길이 있는데 이 가운데 '계곡물소리길'이 좀 더 올라가기 쉽습니다. 이름처럼 물소리가 들리는 계곡을 따라 난 길이어서 경사도 완만하고, 오르다 힘이 들면 계곡에서 땀을 식힐 수도 있습니다. 다른 하나는 '능선바람소리길'입니다. 능선을 따라 난 이 길에는 전망대가 있어 주변을 조망할 수 있는데, 대신에 전망대까지 올라가는 길이 '아이 손 잡고 가기'에는 경사가 급한 편입니다. 계곡으로 올라가서 능선으로 내려오는 길을 추천합니다.

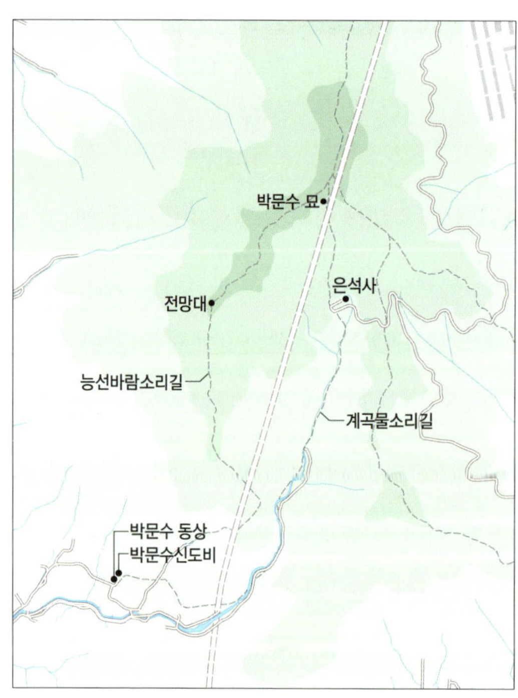

은석산 박문수 테마길

계곡물소리길

　'계곡물소리길'을 걷다 보면 암반이 드러난 곳이 많습니다. 암반 위로 물이 흐르는 계곡이 멋진 풍경을 만들어 냅니다. 계곡이 끝나는 곳에서 조금 더 올라가면 은석사가 나옵니다. 약수로 목을 축인 다음 천천히 은석사를 둘러봅니다. 아담한 절이지만 370년이나 된 우람한 팽나무가 이 절의 역사를 말해 줍니다. 신라 문무왕 때 원효가 창건했다는 설이 전해 내려옵니다. 보광전에는 17~18세기경에 조성된 목조 여래 좌상과 1861년에 그려진 아미타불회도가 봉안되어 있습니다. 박문수의 묘가 만들어진 뒤로는 묘를 지키는 일도 담당했다고 하니 박문수 묘에 올라가기 전에 꼭 둘러봐야겠네요.

　은석사에서 400여 미터를 더 올라가면 마침내 박문수 묘에 다다릅니다.

은석사 팽나무와 보광전 (뒤쪽 절집)

해발 395m 지점으로 꽤 고도가 높은 편입니다. 원래는 은지리 샘터라는 곳에 못자리를 잡았으나 '높은 지체에 어울리도록 높은 곳에 못자리를 정하라'라는 주변의 조언을 듣고 지금의 자리로 정했다고 전해 내려옵니다.

박문수 묘의 가장 큰 특징은 거대한 석인(사람 모양의 조각상)입니다. 사람 키보다 훨씬 큰 석인은 드문 사례이기도 하지만 큰 칼과 갑옷을 입은 무인의 모습인 점도 매우 독특한 특징입니다. 유교 예법을 정리한 대표적인 책인 김장생의 『가례집람』(1599)에 따르면 '1품관의 묘는 석인이 2기인데 문관은 문인석 2기를 쓰고, 무관은 문인석 1기에 무인석 1기를 쓴다'라고 기록되어 있습니다. 박문수는 문관이고 정1품에 올랐으므로 가례에 따른다면 문인석이 2기 세워져야 합니다. 하지만 무슨 이유에서인지 무인석을, 그것도 2기 모두 무인석을 세워서 일반적인 예법을 따르지 않았습니다. 무인석을 2기 세우는 묘는 왕릉뿐인데, 왕릉은 문인석과 무인석을 각각 2기씩 세웁니다.

무인석만 2기가 세워진 이유는 '이인좌의 난' 당시 순무사로서 난 평정을 지휘하여 1등 공신이 된 오명항(1673~1728)의 묘에서 힌트를 얻을 수 있습니다. 오명항 역시 문관이었지만 그의 묘에도 박문수의 묘와 같이 2기의 무인석이 세워져 있습니다. 박문수는 오명항의 종사관으로 그를 도와 난을 평정하는 데 공헌하여 2등 공신이 되었습니다. 또한, 박문수는 후에 군사를 총괄하는 병조판서를 지냈습니다.

묘 오른쪽에 있는 묘비로 걸음을 옮겨 봅니다. 묘의 주인을 '조선행병조판서영성군증영의정충헌박공문수묘(朝鮮行兵曹判書靈城君贈領議政忠憲朴公文秀墓)'라고 큼지막하게 써 놓았습니다. 병조판서를 지냈고 영성군이라는 공신 칭호를 받았으며, 죽은 뒤에 영의정과 충헌공이라는 시호를 받았음을 표시했습니다. 영조는 박문수를 아껴서 그가 세상을 떠난 뒤 매우 애통해하였고, 곧바로 영의정으로 추증하였습니다. 박문수가 영조와 인연을 맺은 것은 1724년(경종 4년) 세제시강원(왕세제를 가르치는 관청)의 설서라는 직책에 있을 때인, 영조가 연잉군이던 시절입니다. 영조에게도 서슴없이 직언했던 일화가 잘 알려져 있습니다.

비석의 나머지 3면에는 박문수의 삶을 돌아보고 그를 추모하는 글이 새겨져 있습니다. 박문수는 우참찬, 호조판서, 병조판서 겸 판의금부사 등 요직을 거쳤지만, 노론과 소론의 갈등 속에서 좌천과 삭직 등 조금은 굴곡진 관직 생활도 했습니다.

영의정을 지낸 이종성(1692~1759)이 비문을 지었고 이종덕이 글씨를 썼다고 쓰여 있는데, 이 사람들은 박문수의 외사촌들입니다. 박문수의 외가는 당시 소론 명문가였던 경주이씨 가문으로 부모님이 일찍 돌아가신 박문수는 외가에 살면서 외사촌들과 함께 글을 배웠습니다.

박문수가 암행어사의 대명사가 된 이유는?

그런데 박문수는 왜 암행어사의 대명사가 되었을까요? 박문수는 일생 동안 단 두 번의 어사 경력만을 갖고 있으며, 심지어 '암행'을 한 어사도 아니었다고 합니다. 1727년(영조 3년) 영남어사, 1730년(영조 6년) 호서어사를 지냈는데, 두 시기를 합쳐도 채 1년이 되지 않습니다. 그런데도 '암행어사 박문수'로 유명해진 것은 원칙적이고 타협하지 않는 성품으로 어려움에 부닥친 백성을 도왔던 일화가 널리 퍼졌기 때문입니다.

지방관으로 근무할 때에도 구휼 정책을 적극적으로 시행하여 백성들의 칭송을 받았습니다. 심지어 경상도 관찰사일 때 함경도에 수해가 난 소식을 듣고 구호곡을 거둬 보냈던 적도 있었습니다. 이는 왕의 허락이 떨어지

 아이랑 손잡고 **천안**

박문수 묘에서 바라본 아우내 장터 ('M'자 모양의 두 산 사이에 보이는 시가지)

기도 전에 벌인 일이어서 법 절차를 무시한 처사였으나 영조는 이를 용서하였습니다. 이러한 일화들은 그를 '백성들의 억울함을 풀어 주는 암행어사'로 만들었을 가능성이 큽니다. 명성이 퍼져 나가면서 다른 암행어사들의 업적마저도 박문수의 업적으로 흡수되어 신격화되기에 이르렀습니다. 조선 시대에 활약한 암행어사가 무려 1,200명에 이르지만, 박문수 외에는 알려진 이름이 없습니다. 경북 영양군에는 박문수를 수호신으로 모시는 서낭당이 있을 정도입니다.

박문수의 기개가 담긴 장군대좌형의 명당

박문수 묘는 풍수지리로 보면 '장군대좌(將軍對坐, 장군이 당당하게 앉아 있음)'형이라고 합니다. 은석산 정상에서 약 200m 남쪽 능선 아래에 자리를 잡고 동남쪽을 그윽하게 내려다보고 있습니다. 하지만 장군에게 꼭 필요한 군사가 없다고 합니다. 군사는 바위 같은 지형지물인데 주변에 그런 것들이 없는 것이죠. 묘가 바라보고 있는 동남쪽 약 10리 거리에는 유명한 아우내 장터(천안시 동남구 병천면 병천리)가 있습니다. 전설에는 후손들이 아우내 장터에 많은 사람들이 몰려들어 병사 역할을 해 주기를 바라는 마음으로 장터를 만들었다고 합니다. 하지만 박문수는 혈손을 두지 못해서 7대에 걸쳐 양자를 들여 대를 이었습니다.

묘 뒤쪽 능선을 따라 북쪽으로 조금만 더 올라가면 은석산 정상이 나옵니다. 이 산줄기는 금북정맥에서 갈라진 산줄기입니다. 박문수가 과거를 보기 전에 기도를 올렸다는 칠장사로 이어지고, 더 나아가면 백두대간으로 이어집니다. 백두산의 정기가 뚜렷하게 이어지는 장소에 잠든 박문수의 묘에서 임금 앞에서도 고개를 숙이지 않았던 박문수의 기개와 어려움에 부닥친 백성을 아꼈던 정신을 되새겨 봅시다.

테마 03.
세성산과 성거산에서
새로운 세상을 꿈꾸다

평등하고 정의로운 세상을 꿈꾼

세성산, 동학농민혁명군 전적지

'동학농민운동' 하면 아마 1894년에 전라도에서 농민 봉기를 일으킨 전봉준과 전라도를 휩쓸고 충청도로 올라온 동학군이 공주 우금치 전투에서 패배함으로써 실패했다는 역사적 사실 정도를 떠올릴 수 있는데요. 사실 '동학농민운동'은 전라도뿐만 아니라 충청도, 경상도, 강원도, 황해도에서도 거세게 일어났었답니다. 그리고 여기 충청남도 천안에서도 그랬지요.

당시 사건을 '동학농민운동', '동학농민혁명', '갑오농민전쟁' 등 여러 가지 명칭으로 부르는데요. 여기서는 '동학농민혁명'이라는 용어를 쓰겠습니다. 왜냐하면 1860년부터 일제강점기까지 이어진 동학(1905년부터는 천도교)의 움직임은 사회 개혁을 위한 '운동'이지만, 1894년에 터진 사건은 분명 '혁명'으로 불릴 수 있을 정도로 거셌기 때문입니다. 혁명의 대다수 참여자는 농민이었고, 앞에서 이끌어간 사람들은 대개 지식인 선비들이었습니다.

세성산 동학혁명군 전적지를 찾아서

인터넷 지도나 내비게이션에 '세성산'을 검색하면 천안시 동남구 성남면 화성리에 있는 세성산이 나옵니다. 세성산 남쪽에 자리 잡은 화성리 마을은 집과 텃밭, 가파르고 좁은 언덕길들이 구불구불 이어진 오래된 마을입니다. 마을에 도착해서 좁은 포장도로를 따라 북쪽으로 언덕을 올라가다 보면 갈림길이 나오는데, '세성사'라는 작은 팻말이 가리키는 왼쪽으로 시멘트 포장길을 따라 220m 정도 올라가면 작은 절, 세성사가 나옵니다. 그

갑오농민전쟁 세성산 전투 희생자 위령비

오른쪽으로 '갑오농민전쟁 세성산 전투 희생자 위령비'가 있고, 그 뒤에는 '세성산 전투 약사'를 새긴 기다란 벽이 둘러쳐 있습니다.

죽은 영혼을 위로하기 위한 비석인 이 위령비는 2012년 천안의 민주시민단체와 농민회가 중심이 되어 당시 김지철 충청남도교육위원의 도움을 받아서 세운 것입니다. 이곳에서는 1999년부터 해마다 11월에 세성산 전투에서 희생당한 동학혁명군의 높은 뜻을 기리고 그 넋을 위로하는 위령제가 열리고 있습니다. 또한, 이곳은 천안역사문화연구회가 주최하는 '천안 근현대 역사문화 탐방길' 행사에서 필수 답사지로 자리를 잡았답니다. 이곳에 가서, 1894년 새 세상을 만들고 조선을 침략한 일본군을 몰아내려고 싸우다가 숨져간 동학혁명군의 넋을 위로하는 묵념을 해 보는 것은 어떨까요? 그들의 높은 뜻이 마음에 새겨질 것입니다.

동학의 성립과 전파

동학(東學)은 1860년 경상도 경주에서 최제우(1824~1864)가 만든 사상으로 유교, 불교, 도교와 조선 후기에 전래한 천주교의 영향을 모두 받았습니다. 최제우는 '사람은 하느님을 모시고 있는 아주 귀한 존재이기 때문에 모두가 서로를 아끼고 사랑해야 하며, 사람이 사람답게 살 수 있는 평등하고 정의로운 세상을 만들어야 한다'고 가르쳤습니다. 후계자 최시형

(1827~1898)은 정부와 관리들이 백성을 착취하고 신분 차별이 심했던 당시 조선이라는 나라를 크게 바꿔서 새로운 나라를 만들어야 한다고 가르쳤지요. 3대 지도자 손병희(1861~1922)는 1905년에 동학의 이름을 천도교로 바꾸었습니다.

한편, 유교(성리학)를 최고의 사상으로 받들었던 양반 지배자들은, 동학을 신분질서를 어지럽히고 백성을 속이는 나쁜 사상으로 여기며 강하게 탄압하였습니다. 따라서 최제우는 1864년에 잡혀 목을 베는 형벌인 참수형을 당하였습니다. 동학을 전국으로 널리 퍼뜨린 사람은 최시형입니다. 그는 전국을 돌아다니며 동학을 가르치고 조직을 만들었습니다. 당시 세도정치(특정 지배 가문과 정치인들이 백성을 착취하고 나라를 어지럽힌 정치) 아래서 고통받던 백성들은 동학을 배우며 인간의 존엄성을 깨닫고 평등하고 정의로운 새 세상을 꿈꿨습니다. 그렇게 동학은 강원도와 충청도, 전라도, 황해도 등으로 들불처럼 번졌습니다. 동학을 따르던 사람들은 대부분 농민이었지만, 글을 배운 양반 선비 중에도 동학을 받아들이는 이들이 늘어났고, 이들이 동학을 이끌었습니다. 동학 지도자들은 1892년부터 1893년 사이에 공주와 전북 삼례, 서울, 충북 보은 등지에서 억울하게 죽은 최제우의 원한을 풀어달라고 요구하는 '교조 신원 운동'을 일으켰고, 여기에 수만 명의 동학 농민들이 참여하였습니다.

세성산이 위치한 천안의 목천과 병천은 현재 충청남도에 속하지만, 충청북도와도 가깝고 경상도와 강원도, 경기도와 통하는 길들이 모이는 곳입니다. 특히 당시 충청도의 행정과 군사의 중심 도시인 공주 감영과 청주 병영 사이에 위치하는 요충지로 서울로 통하는 길목이었습니다. 그래서 이 지역에 동학이 일찍 전해졌고, 동학혁명군이 이곳에 모여서 싸웠던 것입니다.

지금의 천안시 동면에 살던 부유한 양반 신분의 선비 김은경은 동학에 대한 소문을 듣고, 1881년 살고 있던 천안시 동면을 떠나 충청북도 단양에 있던 최시형을 직접 찾아가서 동학을 배우게 됩니다. 동학이 참된 도리임을 깨달은 그는 사람이 귀하게 대접받는 아름다운 세상을 만드는 데 앞장설 것을 결심합니다. 1883년 최시형과 여러 동학 지도자들을 자기 집으로 초대한 김은경은 최제우가 지어서 전해 준 『동경대전』과 『용담유사』를 큰돈을 들여 목활자와 목판으로 직접 인쇄하는 작업을 하였습니다. 동학의 주요 경전인 『동경대전』과 『용담유사』를 직접 인쇄하였다는 사실은 이 지역에 동학을 믿는 사람들이 매우 많았으며, 그 세력이 매우 컸음을 짐작하게 합니다.

게다가 인근의 아산만은 농민군을 진압하기 위해 출병한 청나라 군대가 상륙한 곳으로, 청일전쟁(1894)이 발발한 곳입니다. 전쟁은 일본군의 승리로 끝났는데요. 전쟁 당시 일본군은 경복궁을 점령하며 조선을 지배하고자 하는 야욕을 드러냈습니다. 게다가 이 지역에 주둔한 일본군은 아산현 관아를 무력으로 점령하고, 민가를 불태우며 곡물을 빼앗아가는 등 인근 주민들에게 수많은 피해를 주었습니다. 따라서 이 지역 주민들의 일본군에 대한 반감은 갈수록 높아졌고, 그럴수록 일본에 대항한 동학도들 또한 급속히 늘었습니다.

1894년, 동학혁명의 불길이 타오르다

1894년 1월 전라도 고부(현, 전라북도 정읍)에서 전봉준을 중심으로 동학혁명이 터졌습니다. 혁명의 불길은 충남 지역에서도 거세게 타올랐습니다. 6월에 청군과 일본군이 들어오고, 일본군이 경복궁을 점령한 후 청일전쟁을 일으키자, 최시형은 10월에 전국의 동학도에게 봉기 명령을 내립니다. 충남의 동학혁명군은 관청과 고을들을 점령하고 '집강소'라는 자치기관을 세워 나쁜 관리와 양반에게 벌을 주었습니다. 백성에게 빼앗은 곡식을 도로 나눠주고, 노비 문서를 불태우는 등 세상을 바꾸기 위한 활동을 벌였습니다. 당시 충청도의 양반이었던 대교김씨 가문의 한 사람이 쓴『피난록』이라는 글에서 동학군의 활동을 다음과 같이 말하였습니다.

저들(동학농민혁명군)은 스스로 왜놈들을 물리친다고 하면서 매일 무리를 지어 다니며 나라의 법과 임금의 명령을 따르지 않고 지방의 관리들을 깔보았다. 저들 중에 만약 부자 양반에게 빚을 지거나 괴롭힘을 당했으면, 자기들 멋대로 판결하여 빚을 없애 주고 그 양반을 잡아다가 때려 주고 재산을 빼앗았다. 노비들은 자기들의 노비 문서를 빼앗아 불살랐다. 저들은 신분을 구별하지 않고 여성과 어린이도 존중하며 모두 평등하게 대하였다.

충남에서 동학군과 관군·일본군의 싸움이 가장 컸던 곳은 내포(예산, 당진, 홍성, 서산, 태안, 아산), 천안, 공주와 논산, 금산 지역이었습니다. 동학농민군은 관군·일본군보다 숫자가 훨씬 많았지만, 대개 곳곳의 전투에서 패배하였습니다. 군사훈련을 못 받았고 기관총과 대포 같은 신식 무기를 가진 관군과 일본군에 맞서 싸우기가 어려웠기 때문이지요. 그동안 백성들을 업신여기고 지배해 왔던 양반들의 눈에는 동학혁명군이 유교(성리학)의 신분질서를 무너뜨리고 세상을 어지럽히는 '도적 떼'로 보였던 모양입니다. 그래서 힘 있는 양반 지배자들은 '유회군' 또는 '민보군'이라 불리는 자신들의 군대까지 만들어 동학혁명군을 없애려고 하였답니다.

아! 동학혁명군이 쓰러진 세성산 전투

천안과 목천, 병천 지역의 동학 지도자들은 1894년 8월과 9월 사이에 동학혁명군을 조직하여 새 세상을 열기 위한 활발한 활동을 벌였습니다. 10월에 최시형이 봉기 명령을 내리자, 동학혁명군은 천안, 목천, 전의 관아로 쳐들어가서 무기를 빼앗았습니다. 그리고 대장간을 열어서 창, 칼, 화포(구식 대포) 등 무기를 만들고 식량을 모아서 세성산으로 들어가 서울에서 내려오는 일본군·관군과 싸울 준비를 했습니다.

그럼 세성산이 어디에 있고, 어떤 모양을 하고 있는지 살펴볼까요? 현재 세성산은 천안에서 목천을 지나 병천 쪽으로 가는 도로의 바로 남쪽에 있습니다. 세성산은 높이 220m 정도밖에 안 되는 낮은 산이지만, 북쪽이 더

하늘에서 본 세성산, 성벽의 흔적이 남아 있다.

높고 가파르며 남쪽과 동쪽은 낮고, 서쪽은 트여 있는 모습을 하고 있습니다. 1894년 당시에는 산의 모양이 지금과 조금은 달랐겠지만, 1914년 일제강점기에 만든 지도와 비교해 보면 지금과 크게 다르지는 않았습니다. 이 산에는 삼국시대부터 쌓은 성벽과 방어를 위한 시설이 남아 있었는데, 동학혁명군은 이 성벽을 이어서 동쪽~남쪽에 걸쳐서 흙으로 약 2km 정도의 성을 더 쌓았답니다. 세성산에 모였던 동학혁명군은 약 3,000~4,000명 정도였는데, 무기와 식량을 충분히 갖추고 나름대로 군사훈련도 하면서 산꼭대기에 수많은 깃발을 꽂아서 휘날리고 간혹 화포를 쏘아서 동학군의 수가 많고 힘이 있다는 것을 널리 알렸습니다.

11월이 되자 일본군을 이 땅에서 몰아내기 위해 공주와 논산, 천안, 내포 지역 등 충청도의 여러 곳에서 적게는 500명, 많게는 20,000명 정도의 동학혁명군이 모여들었습니다. 그러자 조선 정부는 서울에 있던 약 2,500명의 중앙군을 내려보내서 일본군과 지방의 관군, 또는 양반 지배자들이 만든 유회군(민보군)과 힘을 합하도록 명령을 내렸습니다. 이 중앙군을 이끌고 내려온 지휘관은 이두황이었습니다. 이두황은 명성황후를 시행하는 데 가담했고, 이토 히로부미의 총애를 받기도 했던 유명 친일파 인물입니다. 그는 '장위영군'이라는 아주 잘 훈련된 군대 약 700여 명을 이끌고 세성산에 주둔해 있던 동학군을 공격하였습니다.

1894년 11월 17일 병천에 도착한 이두황의 군대는 미리 세성산의 지형과 동학군의 움직임을 자세히 살펴본 다음 공격 작전을 짰습니다. 그리고

세성산 전투 지도

11월 18일 아침에 세성산의 동남쪽 골짜기부터 공격하기 시작하였습니다. 동학군은 있는 힘을 다해 맞서 싸웠지만 4~5시간 정도 전투가 계속되자 사상자가 늘어나면서 점점 산 위쪽으로 밀려났습니다.

동학군이 이두황의 군대보다 수는 몇 배 많았지만, 대부분 제대로 훈련받은 적이 없는 농민들이었고 무기도 변변치 못했기 때문에 신식 무기로 공격하는 중앙군을 당해내지 못한 것입니다. 많은 동학군이 북쪽 비탈로 굴러떨어졌고 또 많은 동학군이 서쪽으로 도망쳤습니다. 그러나 이두황은 서쪽에 일부 군사를 미리 매복시켜서 도망쳐 나오는 동학군을 향해 총탄을

퍼부었습니다. 이리하여 세성산 전투에 참가했던 동학혁명군 중 약 1,200명이 죽거나 다쳤고, 나머지는 뿔뿔이 흩어져 도망쳤으며, 그동안 천안, 목천, 병천 지역에서 동학혁명군을 이끌었던 지도자들이 거의 전사하거나 체포되어 처형당하고 말았습니다. 이두황은 이 지역의 마을들을 샅샅이 뒤져서 동학군과 동학 지도자들을 체포해 목숨을 빼앗고, 마을들을 불태웠습니다. 이로써 충청도의 동학혁명군은 그 높았던 힘과 기운이 크게 꺾여버렸고, 그 이후에 내포 지역과 공주 등에서 벌어진 큰 싸움(홍주성 전투, 우금티 전투 등)에서도 결국 패배하게 됩니다.

동학농민혁명군은 신분 차별을 없애고 모든 사람이 귀하게 대접받으며 평등하고 정의로운 새 세상을 열기 위해 들고 일어나 싸웠습니다. 게다가 우리 땅을 집어삼키려고 들어온 일본군을 몰아내기 위해 싸웠지만 동학혁명군의 꿈은 이루어지지 못했습니다. 그러나 그 고귀한 뜻은 계속 살아남아 일제강점기에 3·1운동 등 수많은 독립투쟁으로 되살아났고, 해방 후에는 민주주의와 평화통일을 이루기 위한 정치·사회 운동으로 줄기차게 이어졌습니다. 지금도 동학의 정신은 사람이 존중받고 사람답게 살 수 있는 세상을 만들기 위한 인권 운동, 전쟁 반대 운동, 난민 구호 활동 등으로 계속 이어지고 있습니다.

하늘 아래 평등을 꿈꾸며

성거산 교우촌

신비로운 성거산, 순교자들의 안식처

천안 동북쪽에는 해발 579m의 성거산이 자리 잡고 있습니다. 왕건이 고려를 건국하기 전, 천안시 직산읍을 잠시 지나다가 동쪽의 이 산을 바라보며 '신령이 사는 산'이라는 뜻으로 성거산이라고 부르고 제사를 지내게 하였다는 이야기가 전해지고 있습니다. 마치 성인이 살 만한 훌륭한 산이라는 성거산(聖居山). 울창한 숲속에 다양한 야생 동물과 식물이 살아가는 이곳에 가면 우리가 알지 못하는 무명의 무덤들이 줄지어져 있습니다. 세상의 아픔 따위는 묻혀 있지 않을 것 같은 이 아름다운 산속에서 도대체 무슨 일이 벌어졌던 것일까요? 왜 묘비도 없이 부드러운 곡선 안에 연달아 잠들어 있을까요?

성거산 교우촌 입구

이 무덤들은 조선 시대 천주교에 대한 탄압으로 인해 순교한 신자들과 성거산 교우촌에서 살다 간 무명의 신자들이 잠들어 있는 무덤입니다. 조선 후기 병인박해(1866) 때 이곳에서 체포되어 목천현에서 문초를 받고, 다시 충청감영인 공주로 압송되어 순교한 배문호 베드로와 최천여 베드로, 최종여 라자로, 채씨 며느리 5명의 이름을 남긴 순교자와 이곳에 살다 간 많은 무명의 신자들이 묻혀 있지요. 이들은 왜, 무엇 때문에 삶을 빼앗길 수밖에 없었을까요?

희망과 두려움: 조선 후기에 불어온 신앙의 물결

자신의 삶을 빼앗기며 이곳에서 잠들 수밖에 없었던 이들의 희망과 고통

아이랑 손잡고 **천안**

을 이해하기 위해서는, 18세기 조선의 문을 열어 보아야 합니다. 18세기의 조선은 서양의 과학기술과 문화가 유입되며 큰 변화의 시기를 맞이하고 있었습니다. 누군가는 단순히 학문적 호기심에서, 또 다른 누군가는 나라를 강하게 만들기 위해서 등 다양한 이유로 서양의 문물을 수용하였지요. 그 중 천주교는 대표적인 서양의 문화 중 하나였고, 학자들은 이를 학문적 대상으로 여기며 배우기 시작했습니다. 그리고 서학(서양의 학문)으로 여겨졌던 천주교는 점차 신앙으로 조선의 백성들에게 스며들고 있었습니다.

천주교(天主敎). 절대적인 존재인 하느님 아래 모두가 평등하다는 신념은 조선 사회에서 불합리한 대우를 받으며 살았던 이들에게 희망이 되었습니다. 특히 양반과 남성 위주의 세상 속에서 억압받았던 백성, 그리고 여성들에게는 구원의 손길이었죠. 태어나자마자 갖는 신분과 성별로 존중받지

성거산 교우촌의 줄무덤

못하고, 스스로 선택하지 못했던 삶이 천주교를 통해 달라지기 시작합니다. 천주교는 성경을 읽고 쓸 수 있도록 교육의 기회를 열어 주었고, 서로를 의지하며 차별 없이 함께 살아가는 힘을 선사해 주었죠.

또한, 천주교는 이 세상이 아닌 죽음 이후의 세계, 내세에서의 삶에 대한 희망의 믿음을 심어 주었습니다. 죽어서 천국에 갈 수 있다는 믿음은 조선 후기 차별과 억압 속에서 살고 있었던 백성들에게 새로운 위로가 되었습니다. 다음 생에는 구원을 받을 수 있다는 희망의 끈을 부여잡으며 그들은 힘겹게 불합리한 사회를 견디고 있었습니다.

지금까지 접해 본 적 없는 새로운 사상은 희망과 함께 한편으로는 금지된 신앙을 갖는 두려움이라는 양 갈래로 충돌하며 백성이라면 누구나 당연하게 여겼던 조선 시대의 '성리학'에 기반한 사회를 흔들고 있었습니다. 조선 사회에서 제사는 조상에 대한 예의와 가문의 전통을 지키는 중요한 의례였지만, 천주교는 하느님만을 유일하게 신성시하며 숭배해야 한다는 이유로 전통적인 유교적 제사를 거부했습니다. 조선 왕조는 천주교가 기존의 유교적 전통 질서를 위협하는 것으로 여기며 천주교를 금지했습니다. 따라서 천주교 신자들은 박해와 탄압을 받게 됩니다. 특히 19세기에 이르면 천주교에 대한 박해는 더욱 심해졌죠.

숨겨진 믿음의 마을, 성거산 교우촌의 시작

천주교인들은 억압을 피해 자유로운 신앙생활을 위해 다른 사람들이 잘 찾을 수 없는 산간벽지에 모여 살아가기 시작합니다. 같은 종교를 믿는 사람들이 서로를 벗 삼아 함께 마을을 이룹니다. 이를 교우촌(敎友村)이라 합니다. 교우촌이 형성되기 시작한 시기는 1791년(정조 15년) 이후부터입니다. 진산군(현재 충남 금산군)에서 신주를 불사르고 가톨릭식 제례를 지낸 두 사람이 참수형을 당하자, 인접한 전라도 북부 지역과 충청도 남부 지역의 신자들은 박해를 피해 산골짜기로 이주하였습니다. 천주교에 대해 온건한 정책을 펼친 정조의 죽음 이후 순조가 즉위하자 천주교에 대한 박해는 더욱 가혹해집니다. 1801년(순조 1년), 대규모로 이루어진 박해로 많은 신자가 순교하게 되었습니다. 살아남은 사람들은 외진 곳으로 피신하고, 은둔했지요. 바로 이 시기, 성거산 일대에 숨어들어 온 신자들이 마을을 형성하며 살기 시작했다고 전해집니다.

학의 둥지와 같이 생겼다 하여 이름 붙여진 소학골(북면 납안리)과 인근의 서들골(목천읍 송전리), 장자동(목천읍 신계리), 복구정(북면 연춘리), 배장골(북면 양곡리) 등 7개 마을이 오랫동안 비밀을 유지하며 교우촌(敎友村)을 이루었습니다. 교우촌 사람들은 산골짜기에서 관아의 눈길을 피하며 신앙을 지킬 수 있었지만, 척박한 환경에서 살아남는 방법을 찾아야만 했습니다. 화전을 일구며 밭과 논을 개간하고, 옹기(항아리)를 구우며 생계를 이어 갑니다. 몹시 가난하게 살았지만, 미덕으로 서로를 위하여 베푸는 사랑과 정성이 지극했다고 합니다. 또한, 조선 사회와 달리 신분의 차별, 남녀의 차별 없이 가진 재물을 서로 나누며 생활하는 등 공동체 중심의 삶을 바탕으로 평화로운 사회를 이룹니다.

성거산은 한국인 신부들과 외국 선교사들의 은신처이자 사목의 주요 활동 무대이기도 했습니다. 사목은 사제가 신도를 통솔하고 지도하여 구원의 길로 이끄는 일을 말합니다. 김대건(1821~1846)에 이어 한국인으로는 두 번째로 신부가 된 최양업 신부(1821~1861)를 비롯해 선교사로 온 프랑스 신부들이 이곳을 근거지로 삼았습니다.

특히 프랑스 선교사인 칼레 신부(1833~1884)가 충청도 북부와 경기도, 경상도 일대를 관할하게 되면서 사목 중심지를 성거산 소학골로 옮기게 됩니다. 칼레는 1866년 병인박해 이전까지 이곳을 중심으로 선교 활동을 했습니다. 우리는 칼레 신부가 남긴 글을 통해 성거산의 당시 모습을 그려 볼 수 있습니다.

칼레 신부

소학골은 독수리 둥지처럼 높은 곳에 지리 잡고 있으며, 호랑이가 득실거리고 숲이 우거진 산들로 둘러싸여 있기에 찾아가기 어려운 곳입니다. 조용히 숨어 살기에는 좋은 피신처입니다. 들짐승처럼 사방에 쫓기는 선교사가 평화로운 이곳에

아이랑 손잡고 **천안**

서만은 맑은 공기를 마시면서 누구에게 들킬 염려 없이 초가집에서 나와 여기저기 절경을 찾아 눈앞에 듬뿍 펼쳐진 자연의 아름다움을 만끽할 수도 있고 별들이 반짝이는 하늘을 감상할 수도 있습니다.

차를 타고 굽이굽이 비탈길을 따라 성거산의 교우촌을 찾아 올라가다 보면, '이동수단이라고는 두 발밖에 없었을 그들이 이곳을 오르는 마음은 무엇이었을까?'라는 질문이 던져집니다. 무거운 짐과 식솔을 거닌 몸과 마음의 짐보다, 기존에 익숙하게 살아왔던 터전을 잃는 상실감보다, 호랑이가 득실거리는 우거진 숲속에서 차별과 억압으로부터 벗어나 새로운 삶을 꿈꾸는 희망으로, 힘겹지만 당차게 한 발자국씩 내딛지 않았을까요? 하지만, 그 희망은 믿음이 다르다는 이유로 가해지는 폭력에 의해 또 다른 억압과 위협으로 이어집니다.

사라진 교우촌, 그러나 지워지지 않은 역사

1866년 병인년(고종 3년), 천주교에 대한 끔찍한 박해 사건이 벌어집니다. 프랑스를 이용하여 러시아의 남하를 견제하려던 흥선대원군은 프랑스가 거절하자 천주교를 탄압하게 되는데, 이를 병인박해라고 합니다. 1866년 2월 서울의 베르뇌 주교를 체포하면서 시작된 병인박해는 전국 곳곳으로 이어져 수많은 천주교 신자들이 연달아 잡혀 가기 시작합니다. 1866년 10월, 오랫동안 비밀을 유지하며 신앙생활을 해 오던 성거산 교우촌도 발각되었고, 성거산 일대의 많은 천주교 신자들이 체포되어 압송됩니다. 남은 신자들도 끝까지 신앙을 지키다가 순교하였지요. 특히 성거산 일대 교우촌이 그 시기에 사목 활동의 중심지로 떠오르면서 큰 희생을 치러야 했습니다. 1866년 병인박해부터 1871년 무렵까지 순교사는 계속되었고, 7개의 교우촌이 모두 발각되어 많은 이들의 삶이 빼앗기게 됩니다.

이 마을의 신앙 공동체는 사라졌지만, 여전히 신앙을 지키기 위해 쏟아 낸 노력과 고통의 흔적은 남아 있습니다. 박해 시기 신자들이 모여 숨어 살면서 형성된 교우촌 집터와 복원한 세 채의 가옥뿐만 아니라 제1 줄무덤과 제2 줄무덤에 각각 38기, 36기의 무덤이 그 흔적입니다. 앞에서 함께 살펴

(왼쪽) 제1 줄무덤, (오른쪽) 제2 줄무덤

성거산 교우촌 성당

본 순교자들과 이곳에서 살다간 무명의 신자들이 잠든 곳입니다. 천안 성거산 교우촌터는 조선 후기 새롭게 등장했던 종교인 천주교의 역사를 고스란히 느낄 수 있는 사적지이자, 천주교 신자들뿐만 아니라 일반 시민들을 위한 역사문화 체험의 장소가 되었습니다. 천주교인들만의 성지를 넘어 시간의 흐름 속 우리의 이웃이 살았던 모두의 역사적 공간으로 많은 것을 배우고 느낄 수 있는 장소가 된 것입니다.

현재의 성거산은 칼레 신부의 말처럼 자연의 아름다움을 만끽할 수 있는 곳이기도 합니다. 울창한 숲속에 병인박해의 아픔을 담은 건축물인 성당

교우촌 집터와 복원된 가옥

도 자리 잡고 있습니다. 온 자연을 느낄 수 있는 성당 안의 큰 창은 신앙과 자연을 연결하는 듯한 느낌을 주지요. 성당을 나와 들꽃들과 함께 이야기를 나누며 걷다 보면, 곳곳에 슬픈 이야기를 담은 조형물과 유적지를 만나볼 수 있습니다. 이곳을 거닐며 이 높은 산속에 들어올 수밖에 없었던 이들의 절박한 희망과 절망을 천천히 느끼며, '다름'을 이유로 가해지는 또 다른 '폭력'이 지금 우리의 일상에는 없는지 생각해보는 시간이 되시길 바랍니다.

테마 04.
그날의 함성,
3·1운동의 고장 천안

함께 모여 독립을 염원하다

아우내독립만세운동 기념공원과 기념비

기념물이 들려주는 3·1운동 이야기

누구나 특별히 기억하고 싶은 것이 있습니다. 우리는 소중한 사람과 함께 했던 뜻깊은 장소를 추억하기 위해 글과 사진 혹은 동영상 등으로 기록을 남겨 둡니다. 잊지 않고, 오래도록 간직하고 싶기 때문이죠. 그 기억들은 점점 쌓이고 이어지며 내 삶의 역사가 됩니다. 그리고 그것은 지금의 나를 이룹니다.

수많은 사람이 함께 기억하고 싶은 일도 있습니다. 그것은 마을이나 지역의 구성원 모두가 뜻깊게 생각하는 사람이나 사건이 될 것입니다. 사람들은 그것을 오래도록 기억하기 위해 마음을 모아 기념물을 만들고 기념 행사를 합니다. 그렇게 만든 기념물은 당대에 끝나지 않고 후세 사람들에게도 여러 이야기와 그 의미를 전하며 지역의 역사를 만듭니다.

우리 주변에는 수많은 기념물이 있습니다. 각각의 기념물들은 모두 많은 사람이 소중히 여기는 사람들과 사건, 그리고 후세에 전하고자 하는 메시지들이 담겨 있습니다. 유관순 열사의 고장으로 대표되듯, 천안 지역 곳곳에는 3·1운동을 기념하는 기념물이 무척 많습니다. 그만큼이나 3·1운동은 천안 사람들에게 매우 커다란 의미를 지니는 사건이었습니다.

늘 우리 곁에 무심히 서 있는 기념물들은 어떤 이야기를 들려줄까요. 기념물이 들려주는 이야기를 통해 천안 지역의 3·1운동을 따라가 보려 합니다.

'그날의 함성'을 재현한 아우내독립만세운동 기념공원

천안시 병천면의 아우내 순대 거리 초입에는 2009년 천안시에서 조성한 아우내독립만세운동 기념공원이 있습니다. 이곳은 서울에서 3·1운동이 발발한 지 정확히 한 달 뒤인 1919년 4월 1일에 일으킨 아우내 만세 운동이 있었던 곳입니다. 1919년 당시에는 악명 높은 헌병 주재소(현재의 경찰서)가 위치했던 곳이지요.

공원에는 총 8개의 조형물이 세워져 있습니다. 그 가운데 중앙에 자리한 조각상과 벽면에 자리한 조각물이 우리에게 많은 이야기를 들려주는데요. 두 작품의 이름 모두 '그날의 함성'입니다. 아우내 만세 운동에 참여한 사

공원 안쪽 벽면의 부조물 '그날의 함성'

람들과 그들이 함께한 숭고한 행위를 생생히 표현했지요. 두 조형물을 주의 깊게 살피며, 그날의 이야기를 자세히 들어 보겠습니다.

먼저, 벽면에 있는 조각물을 보겠습니다. 조각물은 공원의 가운데 있는 조각상을 지나 안쪽 끝부분에 있습니다. 조각물에는 만세를 부르고 있는 군중들을 향해 헌병들이 총을 발사하고, 군중들은 이에 굴하지 않고 대항하고 있는 모습을 표현하였습니다. 만세를 부르는 군중들 가운데 가장 선두에서 태극기를 들고 있는 분은 유관순 열사입니다.

언뜻 하나의 장면으로 보이지만, 자세히 보면 오른쪽과 왼쪽의 장면이

아이랑 손잡고 **천안**

다르게 보입니다. 아마도 각기 다른 두 개의 장면을 담으면서도 자연스럽게 이어 붙여 하나의 사건으로 표현한 것으로 생각됩니다. 1919년 4월 1일, 두 번의 만세 운동이 있었기 때문입니다. 오른쪽은 아우내 시장, 그리고 왼쪽은 헌병 주재소에서 일어난 만세 운동입니다.

1919년 4월 1일 오후 1시경, 아우내 시장에서 수많은 사람이 독립 만세를 외치며 시위를 했습니다. 이때 시위에 참여한 사람이 무려 3,000여 명이었다고 합니다. 만세 운동을 계획한 사람들은 미리 준비한 태극기와 독립선언서를 내걸고 '대한 독립 만세'를 외치며 시위를 시작합니다. 현장에 있던 수많은 사람 또한 모두가 기다렸다는 듯, 한목소리로 '대한 독립 만세'의 환호성으로 호응했지요. 그간의 울분과 앞으로의 희망을 담아 힘껏 목소리를 내었습니다. 그런데 일본 헌병은 이를 저지하기 위해 소지하고 있던 칼을 휘두르며 위협합니다. 급기야 맨 앞에서 기를 들고 있던 사람을 향해 칼을 휘둘렀고, 그가 쓰러지자 수많은 사람이 분노하며 항의합니다. 무자비한 헌병은 이들을 향하여 총을 발사해 버립니다.

사랑하는 가족과 이웃들이 눈앞에서 쓰러지자, 사람들은 크게 분노합니다. 아우내 시장에서의 끔찍한 폭력에 놀라 흩어졌던 만세 군중들은 오후 4시경 지금의 파출소에 해당하는 헌병 주재소에 다시금 모여 항의했습니다. 이번에도 1,500여 명의 군중들이 시신을 운구하며 시위합니다. 그런데도 헌병은 또다시 군중들을 향해 총을 발사합니다. 너무도 참담한 일이 연이어 발생한 것입니다. 이날의 일로 무려 18명이 순국하고 40여 명이 부상을 당했습니다.

단지 함께 목소리를 내었다는 이유만으로 너무나 많은 사람의 소중한 삶이 무너져 버렸습니다. 그날 만세를 부르다 부당하게 희생된 분들을 우리는 '아우내 순국열사 20위'로 모시며 추모하고 있습니다. 유관순열사기념관 옆에 있는 추모각에는 바로 이분들이 모셔져 있습니다. 이처럼 3·1운동은 수많은 분의 희생과 그들의 염원이 담긴 숭고한 사건이었습니다.

시위에 참여한 사람들을 표현한 조각상

이제 기념공원의 가운데에 있는 조각상을 살펴보겠습니다. 이 조각상은 시위를 계획하고 주도한 인물과 참여자를 대표하여 여러 인물을 표현하였습니다.

만세 운동은 즉흥적이고 우발적으로 발생한 사건이 결코 아닙니다. 병천면과 인근 지역의 다양한 배경을 가진 인물들이 미리 만나 '그날의 함성'을 계획했습니다. 대표적으로 동면 지역의 유관순과 유중권 그리고 조인원 등의 기독교 인물들과 수신면의 홍일선, 김교선 등 전통 유학자들, 그리고 병천면 지역의 진보적 청년들인 김구응, 김상철 등이 서로 연락을 하며 준비했습니다.

그들이 장소로 결정한 아우내 시장은 수신면·성남면·목천읍이 서로 교

통하는 지역으로 천안 남부 지역 사람들의 만남의 장소였습니다. 아우내는 내를 아우른다는 뜻으로 두 개 이상의 내가 만나는 곳을 의미합니다. 전통 시대 내는 곧 뱃길을 뜻하니 자연스레 사람들이 빈번히 오가는 곳이었을 테지요. 아우내의 한자 표현이 지금의 지역 명칭인 병천(幷川)입니다. 5일마다 열리는 장날이 되면 장사를 하는 사람들과 구매자들 그리고 지인들과 만나 담소를 나누거나 업무 관계로 모임을 하는 등 다양한 이유로 많은 사람이 모이게 되죠. 만세 운동이 있었던 4월 1일은 바로 아우내 시장의 장날이었습니다.

조각상은 다양한 사람들을 표현하고 있습니다. 아우내의 만세 운동은 특정한 신념이나 신분, 성별, 직업, 출신 지역 등 서로의 차이를 따지지 않고 다양한 사람들이 함께했기 때문입니다.

먼저, 가운데 횃불을 들고 있는 소녀는 모두에게 잘 알려진 인물, 유관순 열사인데요. 유관순 열사는 다음 장소에서 자세히 소개하기로 하고, 여기에서는 잘 알려지지 않은 다른 인물들을 소개하겠습니다.

유관순의 오른쪽, 갓을 쓴 인물은 수신면 지역의 전통 유학자로, 전통사회의 가치를 지키려 했던 선비를 표현하였습니다. 이들은 일본의 지배로 조선이 지켜온 전통 질서와 가치가 무너진 것을 참지 못했을 것입니다. 유교에 기초한 신분질서와 예의를 중시하는 문화들이 사라져 가는 풍조가 무척 안타까웠을 것입니다.

이와 대조적으로 뒤쪽의 여성과 함께 태극기를 흔드는 남성은 상투를 자르고 단발을 하였습니다. 상투는 곧 전통사회 남성의 모습을 상징하는데요. 반면, 단발은 전통사회를 거스르고 근대 사회를 지향하는 것을 뜻합니다. 당시는 이렇게 상투를 한 남성과 단발을 한 남성이 공존하고 있었습니다. 단발을 한 이 인물은 병천면 지역의 근대 사회를 열망하는 진보적 청년그룹을 표현한 것입니다. 이들은 학교를 설립하여 함께 신학문을 공부하고 토론하며 근대 사회로 발전되기를 희망했습니다. 그런데 우리나라의 근대적 발전을 일본이 식민 지배하며 방해한다고 생각했습니다.

유관순의 왼쪽에 '대한 독립 만세'라고 쓴 기를 들고 있는 남성은 상투를 틀고 상의를 벗고 있습니다. 평범한 농민 계층을 묘사한 것인데요. 비록 교육을 받을 수 있는 엘리트 계급은 아니지만, 일본의 부당한 지배와 조선인이라서 받아야 할 차별에 대한 울분으로 운동에 참여했습니다. 일제강점기 조선인은 일본인에게 차별과 멸시를 받았습니다. 수많은 일본인이 조선으로 이주하여 땅을 차지하고 고위 관료가 되는 등 사회 지배층이 되었습니다. 이제 조선 사람들은 대대로 살아온 자기 땅에서, 외국에서 온 이방인에게 낮은 대우를 받으며 살아야 했습니다.

그 뒤편으로 태극기를 흔들고 있는 여성들이 보입니다. 두건을 쓴 평범한 여성과 교복을 입은 여학생을 표현하였습니다. 조선 사회의 여성들은 대개 집 안에 갇혀, 특별한 일을 제외하고는 밖으로 나가는 것조차 어려웠습니다. 1890년대 조선을 여행한 영국의 지리학자 이사벨라 비숍은 '안채(여성이 거주하는 공간)라는 감옥에 여성이 갇혀 지낸다'라고 썼습니다. 이방인의 눈에 비친 조선의 여성은 집에 갇혀 가사노동만 하는 사람이었습니다. 따라서 여성의 사회활동은 불가능했지요. 3·1운동은 그 제약을 넘어 많은 여성이 운동에 참여하고 목소리를 내기 시작한 사건입니다. 조선 시대 얼굴을 드러내며 거리를 활보하는 것조차 불가능했던 여성들이 마침내 사회에 등장하며 당당히 목소리를 냈던 것이죠. 유관순을 비롯한 수많은 여성은 독립에 대한 열망뿐만 아니라 여성들이 겪는 사회적 차별에 대해서도 말하고 싶었을 것입니다.

이렇듯 다양한 사람들이 함께 연대했지만, 각자가 목숨을 걸고 하고 싶었던 말이 모두 같을 수는 없습니다. 각자가 지향하는 신념과 일상에서 경험하는 차별과 부당함이 다르기 때문입니다. 하지만 분명한 것은 당시 사회에서 사람들의 신념과 주장을 조정하고 실천할 수 있는 정치적 공간은 존재하지 않았습니다. 식민지이기 때문이죠. 식민지에서 우리는 주인이 아닙니다. 3·1운동은 곧 식민지 권력에 대항하여 스스로 주인이 되고자 했던 운동이었습니다.

아우내 만세 운동을 주도한 김구응과 그의 어머니 최정철

유관순의 오른쪽 뒤편에는 마치 미켈란젤로의 피에타를 연상시키는 두 인물이 조각되어 있습니다. 잘 알려지지 않았지만, 무척 중요한 인물인데요. 두 인물의 주인공은 김구응과 그의 어머니인 최정철입니다. 어머니와 아들 모두 시위 과정에서 순국한 비극적인 사연을 갖고 있습니다.

사연은 이렇습니다. 아우내 장터 시위에서 일본 헌병은 기를 들고 행진하는 사람을 향해 칼을 휘둘렀습니다. 이에 격분해 가장 먼저 용기내어 항의한 사람이 김구응이었습니다. 무자비한 헌병은 항의하는 김구응마저 살해합니다. 아들이 사망했다는 소식에 오열한 어머니 최정철은 곧장 헌병 주재소를 찾아가 아들의 죽음에 항의합니다. 그런데 헌병은 아들을 잃어 분노한 어머니조차 살해해 버리지요. 도저히 용납할 수 없는 일이 일어난 것입니다. 제국에게 식민지란 이렇게 막 대해도 되는 존재였습니다. 끔찍

최정철(어머니)과 김구응(아들)

한 폭력을 통해서라도 지배해야 하는 대상인 것입니다.

그런데 더욱 중요한 사실이 있습니다. 우리는 아우내 독립 만세 운동을 주도한 인물로 유관순만을 떠올리는데요. 김구응의 역할도 잊어서는 안됩니다. 역사학자이자 대한민국 임시정부 2대 대통령이었던 박은식은 『한국독립운동지혈사』(1920)에서 다음과 같이 기록하였습니다. "주모자 김구응은 독립선언서를 낭독하고 만세 운동을 주도하다가 일본 헌병의 총에 맞아 즉사했다" 또, 미주에서 발간된 『신한민보』1919년 9월 2일 자 기사에서도 김구응이 아우내 만세 운동을 주도했다고 하였습니다.

김구응은 당시 나이 32세로 진명학교의 교사였습니다. 진명학교는 기독교(성공회)에서 운영하는 학교로 지역 주민들을 대상으로 신학문을 가르치는 곳이었습니다. 지역의 청년들은 이곳에 모여 국내외 정세에 대해 논의하며, 아우내 만세 운동을 계획했을 것입니다.

하지만 김구응은 유관순의 업적에 비해 많은 사람에게 기억되지 않았습니다. 잊힌 사람은 비단 김구응만이 아닙니다. 당시 시위에 참여한 수많은 사람 또한 그렇습니다. 기억되지 않은 수많은 사람들, 나와 같은 평범한 사람들이 용기내어 참여한 사건이 3·1운동임을 잊지 말아야겠습니다.

교체된 동상

조형물의 왼편 뒤편에는 한복을 입고 만세를 부르고 있는 남성이 서 있습니다. 이 인물은 동면에 거주하며 사람들로부터 신망이 두터웠던 조인원(1864~1931)입니다. 조인원은 만세 운동에 참여하여 총에 맞아 큰 부상을 당했는데요. 치료 후 징역 3년을 복역했지만, 총상의 후유증으로 1931년에 별세하였습니다. 1990년에는 그 공로를 인정받아 대한민국 건국훈장 애국장에 추서되었습니다. 우리에게는 해방 후 정치인이었던 조병옥의 아버지로 알려져 있습니다. 조병옥은 미 군정 시절 경무부장을 역임한 인물로 내무부 장관을 거쳐 민주당 대통령 후보로 출마하기도 한 유력 정치인입

(왼쪽) 조병옥으로 추정되는 교체 전 모습, (오른쪽) 조인원으로 교체된 뒤의 모습

니다. 그는 한국사 교과서에도 등장할 정도로 유명하지요.

그런데 현재 기념공원에 세워진 조인원 동상은 2021년에 교체된 동상입니다. 이전에는 이와 다른 모습이었는데요. 왼쪽 사진의 교체 전 모습을 보면 나비넥타이와 양복을 입은 모습을 하고 있습니다. 복장으로 보아 조인원보다는 미국에 유학을 다녀온 그의 아들 조병옥의 모습에 가깝습니다. 이를 어느 눈썰미 좋은 시민단체가 지적하였는데요. 1919년 당시 조병옥은 유학 중이었기 때문에 독립 만세 운동에 참여할 수 없었습니다. 조병옥의 모습을 한 동상이 설치된 것은 사실과 맞지 않은 것이지요.

문득 교과서에도 등장할 만큼 유명한 우리 지역 인물이니, 무슨 문제가 될까 하는 생각이 드는데요. 조병옥은 공과 과가 명확한 인물입니다. 그는 독립운동에 몰두하였고, 해방 후에는 정부 수립에 큰 공을 세운 것은 사실이지만 군인과 경찰에 의해 많은 민간인이 희생되었던 제주 4·3사건 당시 경무부장(현 경찰청장)을 역임하였습니다. 따라서 사건의 책임에서 결코 자유로울 수 없지요. 이 때문에 그의 동상을 설치하는 것이 부적절하다는 의견이 많았습니다. 결국 많은 논란 뒤 조병옥은 철거되고 조인원으로 교체되었습니다.

기념물이 갖는 의미는 자못 큽니다. 우리는 기념물이 들려주는 이야기를 통해 역사를 배웁니다. 그리고 그 기념물은 매우 오래도록 남아 후손들에게 기억되지요. 따라서 기념물을 조성할 때 기본적인 역사적 고증에 소홀함이 없도록 해야 하겠습니다.

해방 직후 세워진 아우내 만세 운동 기념비

한 가지 궁금증이 생깁니다. 아우내 만세 운동은 언제부터 기념하게 되었을까요? 아무래도 일본의 지배가 이어진 식민지 시절에는 상상하기 어려운 일이었습니다. 그러던 것이 해방 직후 그간의 서러움을 풀어내며 매우 성대히 이루어집니다.

병천우체국 인근에 있는 나지막한 계단을 따라 오르면 아우내 만세 운동을 기념한 최초의 기념비가 있습니다. 기념비의 이름은 '아우내 만세 운동 기념비'인데요. 이 기념비는 식민지 시기를 이겨내고 감격스런 해방을 맞은 얼마 뒤인 1947년에 세워졌습니다. 그동안 언급조차 못했던 그날의 일에 대해, 울분과 감격을 담아 기념비에 표현하였습니다.

아우내 만세 운동 기념비(1947)

　기념비는 6층의 기단 위에 높이 올려져 있습니다. 비석은 4각 기둥 형태로 끝부분은 뾰족한 형태로 마무리되었습니다. 영락없는 일제의 황국 신민 서사탑의 모습입니다. 황국 신민 서사탑의 모습을 한 3·1운동 기념비라니, 아이러니가 아닐 수 없습니다. 때문에, 이를 바로잡아야 한다는 지적도 있었지만, 사실은 의도된 것이었다고 합니다. 기념비 석재는 인근의 병천초등학교에 있던 황국 신민 서사탑을 재활용했는데요. 우리 민족을 황국신민화하려는 비석의 글을 지워내고, 그 위에 독립운동을 기념하는 글을 새김으로써 기념의 의미를 더

하기로 했다고 합니다.

기념비의 비문은 독립운동가이자 한학자였던 정인보가 지었습니다. 비석의 정면에는 '기미독립운동때 아우내서 벌어진 장렬한 자취라'라는 글귀가 힘 있는 필치로 쓰여 있습니다. 그런데 무언가 낯선 느낌입니다. 대개의 비문에 쓰인 한자가 보이지 않기 때문입니다. 글귀가 새겨진 3개면 모두 순 한글로 기록되어 있습니다. 이 또한 해방 후 최초로 시도된 것으로, 우리 민족의 고유한 문자를 사용하여 독립운동을 기념한 의미가 있습니다.

비석의 문구는 아우내 시위로 순국한 분들의 이름을 모두 기록하며 추모하고 있습니다. 하지만 비문의 내용은 어디까지나 유관순에게 집중되어 있습니다. 앞서 살펴본 기념공원의 조형물이 다양한 참여자들을 표현하고자 했던 것과 사뭇 다르지요.

이는 기념비를 만든 단체가 '유관순 기념사업회'이기 때문일지도 모릅니다. 이 단체는 병천의 주민들뿐만 아니라 정인보, 한훈, 최현배, 설의식, 장지영 등 전국적으로 꽤 유명한 사람들이 주도하여 만든 단체입니다. 사업회의 명칭처럼 유관순을 기념하기 위해 조직한 단체인데요. 그들이 유관순을 기념한 이유는 1947년의 시국과 밀접한 관련이 있습니다.

1947년, 어느덧 해방의 기쁨은 사라지고 사람들은 서로 반목했습니다. 미국과 소련이 남북으로 나누어 점령한 상황에서, 사람들은 좌익과 우익으로 나뉘어 서로 다투고 있었죠. 갈등은 점점 커져만 갔고, 분단은 현실이 되고 있었습니다.

 아이랑 손잡고 **천안**

이러한 상황에 위기감을 느낀 사람들은 분단을 막고자 큰 노력을 기울입니다. 그렇게 주목한 인물이 바로 유관순이었습니다. 서로의 차이를 극복하고 함께 저항했던 3·1운동이 새삼 위대하게 느껴집니다. 그중에서도 18세의 어린 나이로 운동을 주도하다 옥중에서 순국한 유관순이야말로 정치 이념으로 다투고 있는 사람들을 한없이 부끄럽게 만듭니다. 이로써 유관순은 아우내 지역을 넘어 우리 민족을 대표하게 됩니다.

1947년 11월 27일, 기념비의 제막식에는 1만여 명의 수많은 인파가 참여하였습니다. 이날 '삼팔선을 베고 쓰러질지언정' 분단은 안 된다고 주장했던 백범 김구가 참여하며 추도사를 하였습니다. 김구는 기념비 앞에서 분단을 막고 민족 통일과 완전 독립을 이루겠다고 맹세했습니다.

하지만 남과 북 모두 정부를 수립하면서 분단은 막을 수 없었고, 급기야 서로 간에 큰 전쟁을 치르고 말았습니다. 해방된 지 80여 년이 지난 지금, 남북은 여전히 대치 중이며 한반도의 평화는 요원해 보입니다. 아우내 만세 운동 기념비 앞에서 유관순과 희생된 사람들을 기리며 수많은 사람이 함께 맹세했던 통일의 약속은 언제 이루어질까요. 3·1운동에 참여하며 희생된 수많은 사람이 이루고자 했던 소망이 여태 이루어지지 못한 것은 아닐까요. 이제 '그날의 함성'은 진정한 독립을 위해, 평화의 한반도를 염원하는 것 같습니다.

마음을 이끄는 소녀 독립운동가

유관순 열사 사적지

유관순의 고향, 천안 병천

천안의 가장 유명한 먹거리를 생각하면 무엇이 떠오르나요? 사람들은 대부분 호두과자와 순대를 떠올립니다. 어찌나 유명한지 천안호두과자와 병천순대는 고유명사처럼 불리고 있지요. 호두과자로 전국 방방곡곡에 천안을 알리다니 참 대단하지요? 병천순대 역시 천안뿐 아니라 다른 지역에서도 종종 간판이 보일 정도로 유명합니다.

병천순대로 유명한 병천면은 유관순 열사의 고향입니다. 현재 천안시의 마스코트인 애국소녀 나랑이와 이전 마스코트였던 횃불낭자는 모두 유관순 열사를 모티브로 한 것이고, 프로 배구 경기가 열리는 천안 실내 경기장의 명칭 역시 유관순 체육관입니다. 또 천안 독립기념관에서는 매년 유관순 평화 마라톤 대회를 개최하고 있지요.

이렇게 천안시는 유관순 열사를 기념하고 기억하기 위해 천안시를 대표할 만한 것들과 연결하였습니다. 천안 시민뿐 아니라 다른 이들도 천안에 오면 유관순을 기억하길 바라는 마음이겠지요. 하지만 다른 지역 사람 중 유관순 열사가 고향인 천안에서 만세 운동을 했다는 사실을 아는 사람은 많지 않습니다. 대한민국의 많은 독립운동가 중 국민이 가장 먼저 떠올리는 유관순 열사. 천안 병천면에서 자란 소녀, 어렸지만 당찼던 유관순을 함께 따라가 봅시다.

사람 냄새가 나는 곳, 아우내 장터

현재 병천면은 천안시에 속해 있지만, 유관순 열사가 태어났을 당시 천안과 병천은 서로 다른 행정구역이었습니다. 원래는 목천군이었지만 1914년에 천안군으로 편입되었지요. 현재는 천안시 동남구 병천면입니다. 식사 때가 되면 '병천순대거리'는 순댓국을 먹으러 온 손님들로 북적거립니다. 이곳은 병천의 중심지로 오래된 순대 가게들이 줄지어 있습니다. 또, 유관순 열사가 독립 만세를 외쳤던 아우내 장터 부근이기도 합니다. 당시에는 지금처럼 순대 거리는 없었지만, 오일장이 열리는 매월 1일과 6일에는 물건을 사고파는 사람들과 구경 나온 사람들로 장터가 시끌벅적했을 것입니다.

1919년 4월 1일 조용한 시골 마을 병천에 아우내 장터가 열리는 날, 유관순 열사와 병천 주민들은 이곳에서 만세 운동을 벌였습니다. 지금도 병천 아우내 장터에서는 매월 1일, 6일에 오일장이 열립니다. 병천을 간다면 오일장이 열리는 날에 가 보세요. 곳곳에 마트가 생기고 직접 장을 보는 사람이 줄어들면서 요즘은 오일장을 볼 기회가 흔치 않습니다. 오일장에 가 보지 못한 아이들도 있을 거예요. 이곳에 가면 어릴 적 엄마 손 잡고 따라간 오일장의 풍경이 떠오릅니다. 묘목, 옷, 음식 등 갖가지 물건을 파는 상인들이 도로 옆으로 줄지어 있어 북적거리고 사람 냄새 나는 병천 오일장의 모습. 소박하면서도 따뜻하게 느껴집니다.

매봉산과 유관순열사 사적지

병천순대거리를 지나 북쪽으로 가면 천안 2경인 유관순 열사 사적지가 있습니다. 이곳은 병천에서 태어난 유관순 열사를 기념하는 곳이기도 하지만, 천안 2경답게 경치도 빼어난 곳이지요. 유관순 열사 사적지는 북적거리던 순대 거리와 달리 고즈넉합니다.

매봉산은 4월 1일 만세 운동 전날 유관순 열사가 거사를 알리는 봉화를 올린 곳입니다. 당시 유관순 열사의 가족들은 매봉산 아래에 살고 있었어요.

하지만 열사의 생가는 1919년 천안 아우내 장터 만세 운동 때 일본 헌병들에 의해 불태워졌습니다. 지금 있는 생가는 1991년 생가터에 당시 집의 모습으로 복원된 것이지요. 현재는 유관순 열사 가족의 후손이 생가 옆에 거주하며 생가를 관리하고 있습니다.

유관순 열사 사적지는 매봉산 너머 유관순 생가 맞은편에 있어서, 유관순 열사 사적지에서 초혼묘, 봉화탑까지 올랐다가 유관순 열사 생가로 내려올 수 있습니다. 유관순 열사의 생가가 있는 곳이면서 유관순 열사가 봉화를 올린 곳이니 매봉산은 유관순 열사 사적지로 최적의 장소입니다.

사적지에 도착하면 푸른 매봉산과 산 한가운데 유관순 열사 추모각이 보입니다. 추모각을 바라보며 조금만 걸으면 넓은 광장에 도착하는데요. 발길을 바삐 움직이지 말고 광장 한가운데 서서 천천히 주위를 돌아보세요. 사적지의 모습이 파노라마처럼 눈에 담길 거예요. 동쪽에는 유관순 열사의 동상, 북쪽에는 추모각과 매봉산, 서쪽에는 유관순 열사 기념관이 보입니다. 사방으로 둘러싼 풍경이 여러분을 감싸 안는 것 같지요.

기념관에서 어린 소녀 유관순을 만나다

발길이 닿는 대로 가도 좋지만, 이곳에 처음 와 보았거나 유관순 열사에 대해 자세히 알고 싶다면 유관순열사기념관에 먼저 가 보세요. 유관순 열사는 만세 운동 이후 모진 고문을 받으며 죽을 만큼 힘든 시간을 보냈습니다. 하지만 그전까지 유관순 열사는 고향 병천과 경성 이화학당에서 가족, 친구들과 평범한 일상을 보내던 소녀였습니다. 기념관에서는 열사 유관순의 모습뿐 아니라 우리가 알지 못했던 어린 시절 모습까지 들여다볼 수 있어요.

기념관에서 유관순이 이화학당에 다닐 적 친구들과 함께 찍은 사진을 살펴볼까요? 죄수복이 아닌 흰색 치마저고리를 입은 학생 유관순. 굳센 소녀라고 생각했던 이미지와 달리 사진 속 유관순 열사의 모습은 작고 가녀려 보입니다. 열사와 함께 이화학당을 다니던 동무들, 같은 감방에서 생활한 수감자들은 유관순을 재치 있고 마음이 따스한 사람이라 말했습니다.

유관순열사기념관 전경

아이랑 손잡고 **천안**

유관순열사 동상

이곳에서는 유관순 열사의 유일한 유품인 뜨게 모자를 볼 수 있는데요. 이 뜨게 모자는 유관순 열사가 사촌 조카에게 주려고 직접 뜬 것입니다. 어린 나이에 조카에게 주려고 정성스레 만들었을 따스한 마음이 전해집니다.

기념관을 나오면 유관순 동상을 향해 발걸음을 옮겨 봅니다. 태극기를 들고 만세를 외치는 모습이 당차 보입니다. 유관순 사적지는 가볍게 산책하기에도 좋은 곳인데요. 계절마다 색다른 모습을 지니고 있어 봄, 여름, 가을 언제 가든 좋은 곳입니다. 봄이면 여기저기 색색의 꽃들이 피어 매봉산과 잘 어울리고, 한여름에는 유관순 동상 주변에 무궁화가 활짝 피어 동상을 에워

쌉니다. 무궁화에 둘러싸여 태극기를 들고 만세를 외치는 유관순 열사의 모습, 꼭 영화의 한 장면 같지 않나요?

병천 만세 운동의 희생자를 모신 추모각

유관순 열사 사적지에는 추모각이 두 군데 있습니다. 광장에서 바로 보이는 곳이 유관순 열사를 기리는 추모각이고, 그 옆에 있는 곳은 순국자 추

추모각

아이랑 손잡고 **천안**

순국자 추모각

모각입니다. 유관순 열사 추모각까지 가는 계단이 꽤 높아 보이지만 천천히 오르면 아이도 힘들지 않게 오를 수 있어요.

추모각 안에는 유관순 열사의 영정이 모셔져 있는데요. 열사의 영정을 보는 순간 먼저 그 크기에 압도당합니다. 이화학당의 학생으로 하얀 치마저고리를 입고 양손에 태극기를 쥔 유관순 열사의 모습이 다부져 보입니다. 동상과 영정 모두 유관순 열사이지만 영정에서 전해지는 느낌은 사뭇 달라 자연스레 엄숙해지지요. 추모각 안 왼편에는 나무로 만들어진 제법 큰 가마가 보입니다. 이 가마는 열사의 첫 번째 영정을 추모각으로 옮길 때 사용한 것입니다. 영정을 옮길 때 가마를 사용한 이유를 아이와 함께 추측해 보세요.

첫 번째 영정이 실제 외모와 너무 다르다는 이유와 작가의 친일논란으로 2007년에 현재 영정으로 새로 봉안되었지요. 첫 번째 영정 속 모습은 16세 소녀 같지 않고 고된 모습이었다면, 현재 영정은 역사 고증을 통해 이화학당 재학 당시 유관순 열사의 모습을 재현한 것이라고 합니다.

유관순 열사 추모각에서 왼쪽 샛길로 가면 또 다른 추모각이 나옵니다. 이 곳은 1919년 4월 1일 독립 만세 운동을 하다가 순국하신 분들을 추모하기 위해 만들어진 곳입니다. 추모각에는 유관순 열사의 부모님을 비롯하여 60명의 위패가 모셔져 있습니다. 만세 운동 이후 유관순 열사의 가족은 모진 고통을 겪었습니다. 부모님은 만세 운동을 하다가 일본 헌병에 의해 사망했고, 유관순 열사와 그의 오빠도 결국 헌병에 잡혀갔지요. 아들 부부를 먼저 세상을 떠나보내고, 손자, 손녀마저 잡혀 들어간 모습을 본 열사의 할아버지는 억장이 무너지는 기분이었겠지요. 그렇지만 살아남은 유관순 열사의 가족들은 끝까지 독립운동을 이어나갔다고 합니다.

태극기를 닮은 유관순 열사 기념공원

순국자 추모각에서 내려오면 유관순 열사 기념공원으로 길이 이어집니다. 이 공원은 모내기를 시작하기 전쯤인 4월 말이면 풍경이 눈부시게 아

유관순열사 기념공원

름다운 곳이랍니다. 공원으로 들어가는 길 양쪽으로 새하얗게 핀 이팝나무 길을 걸으면 감탄이 절로 나오지요. 바닥 중앙의 괘를 상징하는 듯한 검은 돌의자, 그리고 하얀 나무가 마치 태극기를 연상시킵니다.

꼭 이 시기가 아니더라도 유관순열사 사적지는 매봉산 아래에 있어 나무와 꽃이 가득해 봄에는 언제 와도 좋은 곳입니다. 여름에는 무궁화가 유관순 동상을 밝히고, 가을에는 붉고 노란 단풍이 횃불처럼 불타오르는 다채로운 매력이 있는 곳이지요.

갈 곳 잃은 영혼을 위로하는 초혼묘

기념공원에서 잠시 쉬었다 초혼묘에 가기 위해 매봉산을 올라봅니다. 사실 초혼묘라는 말은 아주 낯설어요. 초혼묘는 시신이 없어 가묘에 영혼을 모셔와 위로하는 묘입니다. 유관순 열사뿐 아니라 다른 독립운동가 중에도 시신을 찾지 못해 초혼묘에 봉안되신 분들이 여럿 있습니다.

초혼묘로 오르는 길이 멀지는 않지만, 돌계단이 꽤 가팔라 어린아이가 오르기엔 어려울 수 있어요. 돌계단 옆 이화고등학교 학생들이 쓴 시를 읽으며 천천히 오르면 어느새 초혼묘에 도착하게 됩니다.

유관순 열사는 1920년 9월 28일 서대문 감옥에서 사망하였습니다. 1919년 4월 1일에 병천에서 만세 운동으로 투옥된 뒤 약 1년 6개월 만이지요. 하지만 독립운동으로 뿔뿔이 흩어진 유관순의 가족은 연락이 닿지 않았고, 사망 후 이틀 뒤 이화학당의 월터 학장에게 연락이 닿아 10월 12일에야 시신을 인도받을 수 있었지요. 10월 14일 정동교회에서 장례식이 거행되었고 열사의 시신은 이태원 공동묘지에 안장되었습니다.

그런데 일제는 도시개발을 한다며 이태원 묘를 망우리로 이전하고 유관순 열사의 묘는 무연고 묘가 되어 유골도 찾지 못한 채 망우리 공원에 무연고 묘로 합장되었지요.

결국, 1989년 10월 20일 지금의 매봉산 초혼묘에 봉안되었습니다. 매년 9월 28일에 이곳 유관순 열사 사적지에서는 추모제가 열리고 있습니다. 초

초혼묘

혼묘에는 생전 열사가 남긴 말들이 적혀 있는데요, 그중 하나를 소리 내어 읽어 봅니다.

오오 하나님이시어 이제 시간이 임박하였습니다.

원수 왜를 물리쳐 주시고 이 땅에 자유와 독립을 주소서.

내일 거사할 각 대표들에게 더욱 용기와 힘을 주시고

이로 말미암아 이 민족의 행복한 땅이 되게 하소서.

주여 같이 하시고 이 소녀에게 용기와 힘을 주옵소서.

-1919년 3월 31일(음력 2월 그믐) 매봉에서 기도하며

서사를 위해 횃불을 올린 매봉산

아우내 만세 운동 전날 매봉산에 올라 횃불을 올리며 한 기도입니다. 거사를 앞두고 외운 기도문에서 열사의 굳건한 마음이 전해지지 않나요? 그런데 날짜가 3월 31일입니다. 많은 사람들이 유관순 열사가 3월 1일에 만세 운동을 했다고 생각합니다. 하지만 유관순 열사가 병천에서 만세 운동을 한 날은 1919년 4월 1일입니다. 3월 1일 경성에서 시작된 3·1 만세 운동은 이후 전국 각지, 해외로 퍼져나갔고 이러한 만세운동을 3·1 만세 운동이라고 이라고 부릅니다.

1919년 3월 1일 서울에서 대규모 3·1운동이 일어났고 일제는 전국에 휴교령을 내렸습니다. 당시 경성 이화학당에 재학 중이던 유관순 열사는 휴교령이 내려지자 같은 학교에 다니던 사촌 언니 유예도와 고향인 병천으로 내려오게 되었지요.

만세 운동이 일어났던 서울과 달리 병천이 조용해지자, 유관순 열사는 만세 운동을 주도하게 됩니다. 목판으로 태극기를 찍어 만들고 지역 유지들을 찾아가 만세 운동에 참여할 것을 설득했어요. 이렇게 해서 병천에서 만세 운동이 일어났습니다.

초혼묘에서 더 올라 매봉산 꼭대기에 봉화탑까지 가 볼게요. 당시 실제로 봉화탑이 있었던 것은 아니지만 유관순 열사가 이곳에서 횃불을 올린 것을 기념하기 위해 봉화탑을 만들었습니다. 올라온 길의 반대편으로 내

봉화대

려오면 유관순 열사의 생가가 나오는데요. 아마 유관순 열사도 3월 31일에 이 길로 횃불을 올리러 왔을 거예요. 매봉산은 높지는 않지만, 오르는 길이 꽤 가팔라서 밤에 어린 학생이 혼자 오르는 건 쉽지 않았을 것입니다. 두려움을 이겨낼 만큼 조국을 되찾기 위한 열망이 더 컸겠지요.

사람의 마음을 이끄는 소녀 독립운동가

나라를 되찾기 위해 일제에 저항하다 18세의 나이로 짧은 생을 마친 유관순 열사. 우리는 나라를 되찾기 위해 싸우다 세상을 떠나신 독립운동가들을 떠올리면 숙연해집니다. 하지만 독립운동가이기 전에 유관순 열사 역시 우리처럼 평범한 딸, 동생, 동무로 웃고 장난치며 어린 시절을 보냈습니다. 이화학당 시절 예배 시간에 장난을 쳐 혼이 난 이야기에서 열사의 천진난만한 모습도 엿볼 수 있지요.

유관순 열사는 나라를 되찾기 위해 목숨 바쳐 일제와 싸웠습니다. 유관순 열사에 대한 무거운 마음보다는 유관순 열사 사적지를 찾아가 감사한 마음을 새겨 보세요. 아름다운 매봉의 계절을 느끼며 지금 이 자리에 있음에 감사하고, 독립과 평화를 염원하였던 유관순 열사가 편히 쉬길 기도해 주세요. 앞으로 천안을 떠올리면 유관순 열사와 함께 나라를 되찾기 위해 만세를 외친 이들의 뜨거운 함성을 함께 떠올리길 바랍니다.

지금도 그날의 함성이 메아리치는 곳

입장기미독립기념탑

포도의 고장 입장에 오면

천안 나들목을 나와 단국대병원을 지나서 10여 분 북동쪽으로 직진하다 보면 포도의 고장인 입장면이 나옵니다. 이곳은 "내 고장 칠월은 청포도가 익어가는 시절"로 시작하는 이육사의 시 「청포도」가 생각이 날 정도로 포도가 유명한 곳입니다. 진천 가는 국도를 타고 입장 저수지 쪽으로 가다 보면 아무것도 없는 들판에 우뚝 선 독립기념탑을 만날 수 있습니다. 일제강점기 이전부터 엄청나게 번영했던 광산촌이 있었던 곳인데 이제는 그 흔적조차 찾기가 어렵습니다. 다만 '입장기미독립기념탑'이 우뚝 그 자리를 지키고 있을 뿐입니다.

입장기미독립기념탑은 1919년 3월에 이 고장에서 일어났던 세 번의 독립 만세 운동과 참여한 사람들의 숭고한 정신을 잊지 않기 위해 1990년 4월에 건립되었습니다. 그 이후 매년 3월 20일이 되면 이곳에서는 그날의 함성을 기리기 위해 기념행사가 열리고 있답니다.

입장기미독립기념탑을 올려다보며

입장기미독립기념탑

기념탑 주변에는 정말 아무것도 없습니다. 주변에 소나무 몇 그루가 함께 그 자리를 지키고 있을 뿐입니다. 나무 그늘에 앉아 함께 기념탑을 살펴봅시다. 높이 9m, 너비 2.42m, 두께 0.94m이지만, 눈대중으로 사각기둥 형태의 긴 탑이라는 것을 알 수 있습니다.

탑은 크게 세 부분으로

입장기미독립기념탑의 가운데 부분

나누어져 있습니다. 앞면 위쪽에는 '삼일독립만세운동기념 탑(三一獨立萬歲運動紀念 塔)'이라고 쓰여 있습니다. 가운데 부분은 사면으로 독립 만세를 부르는 사람들의 비장한 모습을 잘 표현하고 있습니다. 어떤 사람들이 만세를 부르고 있는지 한번 살펴볼까요? 평범해 보이는 사람들 속에 양복 입은 신사분과 태극기를 손에 든 여학생도 보이네요. 왜 이들은 이곳에서 만세를 불렀을까요? 마지막으로 아래쪽에는 '삼일정신남북통일(三一精神南北統一)'이라는 한자가 두 줄로 강하게 새겨져 있습니다.

　이렇게 기념탑 아래서 생각에 잠겨 있으면 1919년 3월, 그날의 함성이 지금도 메아리가 되어 오는 것 같습니다. 일제강점기에 이 고장 사람들이 받았던 탄압과 착취, 그리고 자유에 대한 갈망도 상상이 됩니다. 그럼 이곳에서 어떤 일이 있었기에 이렇게 절실하게 만세 운동을 했는지 살펴보기로 해요.

직산 금광, 노다지의 전설을 따라

기념탑 뒤편으로 길게 야산 지역이 펼쳐져 있는데, 일본이 운영하다가 미국인에게 운영권을 넘긴 광산이 있었던 곳입니다. 지금은 상상하기 어렵지만 1910년대 이 지역은 그야말로 잘나가던 노다지 중 한 곳인 직산 금광이 있었던 지역입니다. 오랫동안 이곳은 일본인들이 불법적으로 금광을 채굴했었는데, 1900년 정식으로 일본인 소유의 조선 중앙 광업소가 천안시 입장면 양대리에 설립되었습니다. 그때 직산 금광에 종사하던 광부의 수는 대체로 2,000명 정도였고, 채굴량은 1년에 평균 약 70관에서 80관(300kg)이나 되었다고 합니다. 이것은 당시 충청도 채굴량 중에서 반 이상으로 평안남도 유사 금광 다음가는 큰 규모였답니다.

일본이 직산 금광을 주목하기 시작한 것은 대체로 청일전쟁 때부터라고 알려져 있습니다. 청일전쟁 당시 직산은 일본군의 주둔 지역이었기에 그 일대의 사금지가 일본인들에게 알려지게 되었습니다. 특히 일본인이 지정하여 특허를 얻은 구역은 보덕원이라고 불리는 금광으로 운산 금광, 은산

일제강점기 직산 금광 (출처: 독립기념관), 상자 사진(왼쪽 위): 천보광산 제1 갱구 (입장면 기로리)

금광과 더불어 전국의 금광 중에서 매우 광질이 우수한 곳이었습니다.

일제는 한국을 강점하는 대가로 서구 열강에 각종 이권을 부여하였는데, 미국은 평안도 운산 금광과 입장 금광 채굴권을 얻어내었습니다. 그래서 미국인은 양대리 석광을 개발하였으며, 일본인은 양대리 광산을 양도하고 광업소를 옮겼습니다. 미국인 광업 회사는 엄청난 금을 캤습니다. 금이 들어 있는 광석에 한국인 광부는 손을 대지 말라고 '노 터치(No Touch)'라고 했던 말이 '노다지'라는 단어로 변하였다고 합니다.

원래 이곳 주변은 사금광이 많아 광산보다 강과 논을 파면서 금을 캐내어 흔적이 별로 남지 않습니다. 지금 입장면 기로리에 천보광산 제1 갱구가 남아 있어 그 흔적을 찾아볼 수 있을 뿐입니다. 그러나 주변이 개발되면서 접근조차 어렵고, 곧 광산의 흔적도 사라질 것 같아 마음이 무겁습니다.

광명학교의 흔적을 찾아서

1919년 3월 1일 서울에서부터 독립선언과 만세 운동의 물결이 퍼져나갈 때, 이곳 입장면에서도 커다란 만세 시위를 준비하고 있었습니다. 광산촌이 형성되어 있었던 이곳에 미국인 선교사 윌리엄이 여학교인 광명학교를 설립해 운영하고 있었습니다. 서울에서 만세 운동을 하던 함태영 목사는 광명학교 교사였던 임영신에게 몰래 독립선언서를 보냈습니다. 임영신은 독립선언서 수백 장을 등사하여 민옥금, 한이순, 황금순 등 여학생들에게 건네주었습니다. 세 학생은 학교에서 태극기를 몰래 만들었고, 마을 사람들을 찾아다니며 태극기와 독립선언서를 일일이 나누어 주었습니다. 그리고 함께 3월 20일에 만세를 부르자고 권유하였던 것입니다.

1919년 3월 20일 오전 10시경, 엄청난 만세시위가 일어났습니다. 이것이 바로 광명학교 여학생들이 주도해 이곳에서 최초로 일어났던 3·20의 거입니다. 일제의 탄압 속에서 착취와 억압을 받던 이곳 700여 명의 마을 주민들도 함께 입장시장까지 만세를 부르며 행진하였습니다. 여기서 여학

 아이랑 손잡고 **천안**

(왼쪽) 광명학교 터(위례성로 1744), (오른쪽) 만세 운동 유적지

생들이 만세 운동을 주도하였다는 점을 눈여겨봐야 할 것 같습니다. 여성에 대한 차별이 심했던 시기, 그것도 일제강점기에는 더욱 차별과 억압을 받았습니다. 이 시기에 한국의 여성들은 만세 운동을 주도하며 드디어 자신의 목소리를 높였던 것입니다. 천안에서 출동한 일본 헌병과 충돌하여 200여 명이 체포되었고 민옥금 등 여학생 3명을 비롯한 8명이 공주 감옥으로 끌려가 1년 2개월의 실형을 받았습니다.

이러한 탄압 속에서 직산 금광에서 일하던 광부들을 중심으로 다시 만세 운동이 일어났습니다. 직산 금광회사 직원 박창신은 동료 한근수, 안은 등과 함께 태극기를 만들어 만세 운동을 준비했습니다. 이들은 3월 28일 이른 아침 광부 교대시간에 맞춰 광산으로 갔습니다. 당시 이곳에서 금을 캐던 광부들은 전국에서 모여든 이들이지만, 그중 많은 사람이 평안도에서

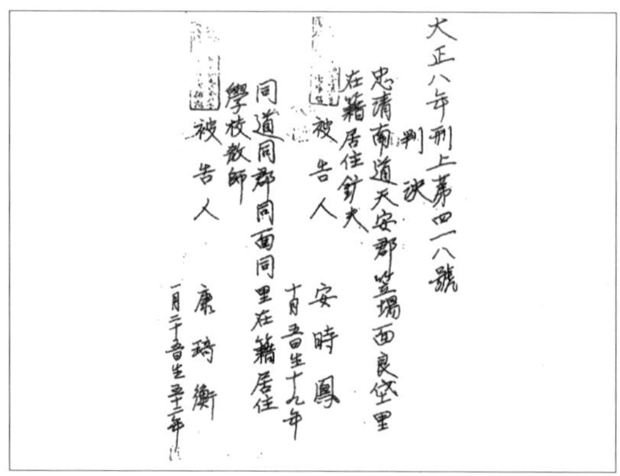

(왼쪽) 『매일신보』, 1919년 4월 1일 기사, (오른쪽) 안시봉, 강기형 판결문

내려온 사람들이었습니다. 당시 광부들은 낮은 임금과 장시간 노동에 시달렸는데요. 한국인이라는 이유로 일본인에게 당한 일상에서의 멸시와 차별도 매우 심했다고 합니다. 이런 이유로 독립 만세를 불렀던 것입니다. 그날 광부 200여 명은 주민들과 함께 태극기를 흔들면서 입장시장 쪽으로 향하였습니다.

도중에 양대리 시장에서 일본 헌병이 제지하자 시위대는 체포된 사람들의 석방을 요구하며 이들과 충돌하였습니다. 이날 시위대는 무기를 빼앗으려고 헌병 주재소를 습격하였고, 전화선을 절단하는 등 격렬하게 충돌하였습니다. 그러나 헌병들이 발포하여 시위대 중 6명이 총에 맞고 광부 남기철 등 3명이 그 자리에서 순국하였습니다. 안타깝게도 충남 최초의 순국열사가 발생하였던 것입니다.

여학생도, 광부도, 농민도, "대한 독립 만세"

일제는 금광의 광부들이 주도한 만세 운동이었기에 더욱 경계하였습니다. 그 당시 『매일신보』 기사(1919년 4월 1일)에서 알 수 있듯이 그날 다섯 명이나 총살되었습니다. 중상자가 수십 명에 달했고, 태형 80대의 후유증으로 죽은 사람도 있습니다. 그러나 만세 운동은 끝나지 않았고 계속되었답니다. 3월 30일에도 입장시장에서는 만세 운동이 또다시 일어났어요.

왜 이렇게 이 고장 사람들은 계속 만세 운동을 하였을까요? 양대리 주민들, 광명학교 여학생들, 그리고 직산 금광의 광부들은 왜 일제의 총칼에 맞

독립기념관의 태극기 (출처 : 한국관광공사 포토코리아–IR 스튜디오)

서 이렇게 만세 운동을 열렬히 벌였을까요? 양대리 주민들과 금광의 광부들은 직접 만세를 부르면서 일제의 폭압적인 무단 통치에 맨몸으로 저항했던 것입니다. 이 과정에서 타국으로부터 지배받는 식민지의 현실을 인식하고 이 나라의 주인이 바로 자기 자신임을 깨닫게 되었지요. 광명학교 여학생들도 만세 운동을 부르다 경찰에 투옥되고 모진 고문을 당하면서 자신의 역할을 발견하였습니다. 이런 모습들은 이전에는 찾아보기 힘든 일이었지요. 그동안 숨죽이며 차별만 당하던 여성의 재발견이라고 할 수 있겠습니다. 따라서 양대리에서 울려 퍼진 1919년의 독립 만세 운동은 전국의 만세 함성과 어우러져 스스로가 주체가 되어 사회의 문제를 개선하고 해결해 가는 '청년', '노동자', '농민', '여성'이라는 새로운 세력이 탄생하는 중요한 사건이었던 것입니다.

테마 05.
독립의 염원과 여정을
간직한 천안

푸른 자연 속 독립의 의미를 되새기다

독립기념관 야외

아이와 손잡고 독립기념관 야외의 매력을 느껴 보자

독립기념관은 1982년 일본의 역사 교과서 왜곡을 규탄하는 국민 여론이 크게 일어나며 시작된 성금 모금을 바탕으로, 1987년에 문을 연 독립운동 전문 박물관이며 연구 기관입니다. 대개 독립기념관을 찾게 되면 겨레의 집을 지나서, 제1 전시관부터 제7 전시관까지 실내 전시관을 순서대로 돌아보게 됩니다. 실내 전시관에는 독립운동에 대한 유익한 체험과 다양한 자료들이 흥미롭게 구성되어 있으니 꼭 관람하기 바랍니다. 사실 실내 전시관을 잘 보는 것만으로도 독립기념관을 찾은 뜻과 보람을 상당히 느낄 수 있습니다.

하지만 실내에만 주목하여 야외의 시설들을 놓치는 경우가 많은데요. 독립기념관에는 야외에도 다양한 테마의 뜻깊은 시설과 유적이 무척 많습니다. 좀 더 자유롭게 관람할 수 있는 야외 전시물에 주목한다면 독립기념관의 또 다른 매력을 느낄 수 있습니다. 야외에는 자연과 잘 어우러진 아름다운 연못과 멋진 조경, 단풍나무 숲길, 포토존 등 다양한 즐길 거리도 많으니 햇살 좋은 날, 아이와 손잡고 번잡한 일상에서 벗어나 독립기념관을 찾는 것이 어떨까요. 그럼 지금부터 중요하게 생각되는 다섯 가지를 꼽아 하나하나 찾아가 볼까요!

웅장한 기상을 표현한 '겨레의 탑'과 '광개토대왕릉비'

독립기념관 경내에 들어서면 하늘을 향해 굳건히 솟아오른 탑이 눈에 띕니다. 탑의 이름은 '겨레의 탑'인데요. 여러분은 겨레의 탑을 바라보며 어떤 이미지와 감정이 떠오르나요? 겨레의 탑은 비상하는 거대한 날개짓을 표현하고 있습니다. 마치 새가 힘차게 날갯짓하며 미래로 나아가듯, 어려움을 극복하고 발전해 온 우리 역사의 역동성을 보여줍니다. 탑은 매우 웅장한 분위기를 연출하는데요. 독립기념관은 겨레의 탑을 통해 우리 민족의 강인함과 힘차게 솟아오르는 기운을 느낄 수 있도록 조성하였습니다.

웅장함과 당당함을 느끼게 하는 기념물은 또 있는데요. 겨레의 탑을 지나 '겨레의 집'을 향해 걷다 보면 오른쪽에 '광개토대왕릉비'가 우뚝 서 있습니다. 멀리서 보는 것보다 비석에 가까이 다가갈수록 그 높이(6.4m)와 너비

겨레의 탑(출처 : 한국관광공사 포토코리아 – 전형준)

(2m)에 놀라게 됩니다.

광개토대왕릉비는 압록강 너머 현재 중국 영토인 지린성 통화시 지안에 있습니다. 414년, 고구려 장수왕이 아버지 광개토대왕의 빛나는 업적을 기리기 위해 세웠지요. 이 비석에는 예서체(중국 진나라~한나라 때 유행했던 글씨체) 한자로 사방에 글자(1,775자)가 빽빽하게 새겨져 있는데요, 그 내용은 주몽이 고구려를 세운 이야기와 광개토대왕이 남쪽과 북쪽으로 영토를 크게 넓힌 이야기, 아들 장수왕이 광개토대왕의 무덤과 비석을 만든 이야기입니다. 중국 여행을 가서 실제 비석을 보면 더욱 좋겠지만, 독립기념관에 와서 똑같이 만든 비석을 보는 것만으로도 스스로를 세상의 중심이라고 여겼던 고구려인의 높은 자부심과 용기를 느낄 수 있을 것입니다. 학교에서도 역사 시간에 이 비석에 대해 배우니, 비석에 대해 자료를 더 찾아보면 좋겠지요? 특히 해석을 둘러싸고 한국과 일본 학자들 사이에 의견이 분분한 부분에 대해서 찾아보기를 권합니다.

무너진 일본 제국주의를 기념한 '조선총독부 철거 부재 전시 공원'

'겨레의 탑'을 지나 왼쪽으로 한국독립운동사연구소 건물을 거쳐 계속 서쪽으로 가다 보면, 언덕 너머로 마치 고대 로마의 유적지를 연상시키는 공

조선총독부 철거 부재 전시 공원

원이 조성되어 있습니다. 공원은 폭파된 건물의 잔해들을 모아 아픈 역사를 기억하기 위해 조성되었는데요. 공원의 이름은 '조선총독부 철거 부재 전시 공원'입니다.

1910년 대한제국을 완전히 집어삼킨 일본 제국주의는 1926년에 서울(당시 '경성') 남산에 있던 조선총독부를 경복궁 앞으로 옮겨서 새 건물을 아주 튼튼하고 크게 지었습니다. 건물이 어찌나 크던지 경복궁이 안 보일 정도였습니다. 일본을 한자로 '日本'이라고 쓰는데, 이 건물은 하늘에서 내려다보면 '日'자 모양을 하고 있었습니다. 같은 해 지은 '경성부 청사(지금의 서울시청)' 건물이 '本'자 모양이었다고 하니 서울 한복판에 건물로 '日本'자를 써

철거 이전 경복궁을 가리고 있는 조선총독부 (1980)

놓은 것이었지요. 그런데 1945년에 해방이 되고 나서도 어떻게 된 일인지 이 조선총독부 건물은 그대로 남아서 이름을 '중앙청'으로 바꾸고 오랫동안 대한민국 정부의 중심 건물로 사용되었습니다. 그러다가 조선총독부였던 건물을 대한민국 정부의 건물로 계속 사용하는 것은 부끄러운 일이라는 국민의 목소리가 높아져 1986년부터는 '국립중앙박물관'으로 이름을 바꾸어 사용하였습니다. 결국, 일본 제국주의의 중심 건물을 아예 없애야 한다는 목소리가 높아지자 1995년 8월 15일 광복 50주년을 맞아 첨탑 해체 작업을 시작으로 철거가 진행되었습니다. 1996년에는 모두 무너뜨려 부수었습니다. 그리고 첨탑을 비롯하여, 기둥, 정초석 등 남은 것들을 모아서 독립기념관 야외 전시장에 공원을 만들어 전시하게 된 것입니다.

독립기념관 서쪽 언덕 너머에 있는 이 공원은, 우리 민족을 식민 지배한 일본 제국주의와 식민지 잔재들이 서쪽으로 지는 해처럼 기울어져 땅속에 묻혀 다시는 일어나지 말라는 뜻을 담고 있습니다. 과연 부서진 조선총독부 건물 찌꺼기들이 반쯤 지하에 묻혀 있네요.

여러분은 '식민지 잔재 청산'이라는 말을 들어 보셨나요? 이곳에 와서는 우리의 주변에 아직도 남아 있는 식민지 찌꺼기들이 무엇인지 찾아보고 그 것들을 빨리 없애야겠다는 생각을 해 보는 것도 보람된 일이 될 것입니다. 그런데 여전히 과거의 잘못을 반성하지 않는 일본 정부의 모습을 보면, 일본 제국주의가 아직 죽지 않고 다시 살아나려고 꿈틀거리는 것처럼 보이기 도 합니다. 심지어 식민지의 아픔을 벌써 잊었는지, 우리나라 사람들 가운데에도 일본의 지배를 긍정적으로 생각하는 사람들이 있습니다. 그런 생각을 하면 어쩐지 이곳에 일본 제국주의의 유령이 살아 있을지도 모른다는 으스스한 느낌이 들기도 하네요.

겨레의 화해와 협력 평화통일을 기원하는 '통일 염원의 동산'

독립기념관 초입 오른쪽에 있는 계단을 따라 올라가면, 광복 50주년을 맞아 1995년에 세운 '통일 염원의 동산'이 나옵니다. 해가 지는 서쪽에 조선총독부 건물의 철거 부재를 전시하여 '청산'의 의미를 더하였다면, 해가 뜨는 동쪽에는 통일 염원의 동산을 배치하여 우리가 가야 할 '희망'을 배치하였습니다. 식민지에서 해방되었다는 기쁨도 잠시, 우리는 남과 북으로 나뉘었고 서로 전쟁의 아픔을 겪기까지 했습니다. 이곳은 분단된 나라의 상처를 극복하고 평화통일을 염원하는 국민의 뜻을 모아 넓게 펼치기 위해 만들었습니다.

이곳엔 통일에 대한 염원을 표현한 다양한 조형물들이 설치되어 있는데요. 넓은 광장 가운데에는 원뿔 무지개 모양이 거대한 '통일의 탑'이 있고, 그 아래에는 '통일의 종'이 있습니다. 그리고 광장 아래를 둘러싼 벽은 벽돌로 되어 있는데, '통일 염원 국민 참여의 장'이 마련되어 있습니다. 이곳의 벽돌에는 평화통일을 소망하는 수많은 사람과 단체들의 이름이 새겨져 있습니다. 지금도 독립기념관 누리집에서 신청하면 누구든지 여기에 자신의

통일 염원의 동산, (상자 사진) 통일 염원 국민 참여 벽돌 (출처: 대한민국역사박물관)

이름을 새길 수가 있다고 합니다. 벽돌 숫자가 늘어날수록 평화와 통일이 점점 가까워질 것입니다.

어느덧 분단된 지 80년이 넘어 버렸습니다. 남과 북이 이제는 남보다 못한 원수가 되어 버린 듯한데요. 남과 북이 서로를 비난하고 적대하는 요즘의 상황이 무척 답답하기만 합니다. 분단은 식민지에서 해방되는 과정에서 생겨났습니다. 애초에 일제의 식민 지배가 없었다면 분단도 없었을 것입니다. 따라서 독립의 완성은 통일입니다. 아마도 독립기념관에 통일 염원의 동산이 있는 까닭일 것입니다. 이곳에서 통일의 염원을 실천하는 사람들과 뜻을 같이하겠다고 다짐해 보는 것은 어떨까요.

제4 전시관 뒤쪽으로 돌아가서 위로 쭉 올라가면 둘레길(통일의 길) 건너 '105인 계단'이 나옵니다. 1907년, 독립운동가 안창호와 이승훈 등은 일제의 감시와 탄압을 피해 몰래 신민회를 만들었습니다. 이에 신민회를 큰 위협으로 생각한 일제는 사건을 조작하여, 105명을 재판에 넘겨 감옥에 가둡니다. 이를 '105인 사건'이라 하는데요. 105인 계단은 이를 기념하여 만든 계단입니다. 105인 독립운동가들의 희생을 되새기며 계단을 모두 다 올라가면 '추모의 자리'가 나옵니다.

추모의 자리

이곳은 독립을 위해 일본 제국주의와 맞서 싸우다 돌아가신 분들의 고귀한 뜻을 기리고 감사하면서, 영원한 번영을 비는 자리입니다. 가운데에는 돌로 된 제단이 있고 둘레에는 105m나 되는 돌벽이 둘러쳐 있는데, 이 벽에는 우리 민족의 탄생과 오랜 역사 속에서 겪었던 온갖 어려움과 영광, 미래의 영원한 발전을 뜻하는 돋을새김 조각이 가득 차 있고 양쪽 끝에는 봉화대가 연결되어 있습니다. 돌 제단 가운데에는 오목한 태극 모양이 있고 거기서 물이 흘러나오고 있는데, 이 물은 자연과 조화를 이루며 살아온 우리 민족의 끈질긴 삶과 힘, 맑은 정신을 뜻한다고 합니다. 그 아래에는 "피땀으로 지켜 이 터전을 물려주고 가신 임들의 고마움을 되새겨 겨레여 이 나라를 길이 빛내자"라는 글귀가 새겨져 있습니다. 제단 앞에서 잠시 고개를 숙이고, 오늘의 우리가 누리는 풍요로운 삶을 위해 목숨 바친 분들께 감사의 마음을 가져보는 것은 어떨까요.

독립운동가들의 고귀한 뜻과 얼이 담긴 '애국시·어록비'

독립기념관 야외 잔디밭에는 민족과 나라를 사랑하는 마음을 담은 시 또는 일본제국주의에 맞서 싸우며 우리 민족의 정신을 일깨웠던 독립운동가들의 말씀이나 독립운동 단체의 선언문(선서문)을 새긴 107개의 비석이 여기저기 골고루 흩어져 있습니다. 독립기념관 누리집에는 그 위치도와 각 비석에 대한 해설이 있습니다. 안내를 따라 그 뜻을 새겨보는 것도 상당히 뜻 깊은 일이 될 것입니다. 여기서는 107개의 비석 중에서 한 가지만 소개하겠 습니다. 지면의 한계로 모두 소개하지는 못하지만 아이와 함께 인상적인 비 석을 찾아 의미를 되새겨 보길 바랍니다.

12번 윤봉길

- 비석 내용: 丈夫出家生不還(장부출가생불환) 梅軒 尹奉吉(매헌 윤봉길) – 사나이 뜻을 세워 집을 나가면 공을 이루지 않고서는 살아서 돌아오지 않 으리. 일천구백삼십 년 삼월 윤봉길

- 윤봉길(1908~1932): 충남 예산 덕산에서 태어난 윤봉길 의사 는 3·1운동이 일어 나자 다니던 덕산보 통학교를 자퇴하고 서당을 다니며 공부 하였습니다. 1926년 부터 본가 사랑채에 야학(밤에 모여서 공

윤봉길 어록비 (출처 : 독립기념관)

부하는 임시 학교)을 열고, 부흥원을 짓고, 월진회를 조직하는 등 1930년까지 몸과 마음을 다해서 농촌계몽운동을 전개하였습니다. 그러나 일제의 방해로 뜻을 이루기 어렵게 되자, 중국 상하이로 망명(탄압을 피해서 다른 나라로 가는 일)하여 대한민국 임시 정부를 이끌던 김구 선생을 만났습니다. 1932년 4월 29일 일본이 천황의 생일과 전쟁 승리 축하식을 연 상하이 훙커우 공원 기념식장에 폭탄을 던져서 일본군 대장 등 여러 명을 처단하였습니다. 현장에서 일본군에게 체포된 윤봉길 의사는 일본으로 끌려가서 순국(나라를 위해 죽음)하였습니다.

대한민국 임시 정부를 흔들림 없이 지켜냈던 터줏대감

이동녕 기념관

천안 시민들 곁을 지키는 독립운동가

천안시에서 가장 큰 시장인 천안중앙시장 옆으로 항상 차가 붐비는 남부오거리에는 천안 시민들이 아끼는 독립운동가가 있습니다. 동상은 한복을 입은 온화한 얼굴로, 오른손에는 대한민국 임시헌장을 쥐고 있습니다. 이는 바로 유관순과 함께 대표적인 천안 출신 독립운동가로 불리는 석오 이동녕 선생입니다. 이동녕 선생은 1800년대 말부터 1940년까지 묵묵히 구국 활동과 독립운동을 한 독립운동가입니다.

석오 이동녕 기념관으로 가 볼까요. 독립기념관을 지나 왼쪽으로는 흑성산을, 오른쪽으로 2km 정도의 하천 변에 심어진 벚나무들을 감상하다 보면 이동녕 기념관이 나옵니다. 소박한 하천 다리를 건너 만나는 농촌 풍

남부오거리에 자리한 이동녕 선생 동상

경과 기념관이 제법 평화롭게 어울립니다.

건물 외관과 흉상에 담긴 그의 인생

이동녕 기념관 건물로 들어가기 전에 건물 모양을 살펴봅시다. 지붕까지
살펴보아야 하니, 건물에서 스무 발짝은 떨어져서 보아야 해요. 붉은 벽돌벽

이동녕 기념관 앞 모습

위로 회색 지붕이 얹어져 있고, 그곳에 다락방 같은 창문 세 개가 나란히 있습니다. 이 독특한 건물 모양은 이동녕 선생이 수립에 참여한 대한민국 임시 정부의 중국 상하이 청사 모습과 빼닮았습니다. 기념관 안쪽으로 들어가면 이동녕 서생의 흉상이 보입니다 이 흉상은 현재 국회의사당에 있는 이동녕 선생의 흉상을 본뜬 것입니다. 국회의사당에 이동녕 선생의 흉상이 있는 이유는 우리나라 최초 민주 공화제 체제를 갖춘 대한민국 임시 정부가 수립되었을 때 이동녕 선생이 지금의 국회의장 격인 임시의정원 의장을 맡았기 때문입니다. 우리나라 최초의 국회의장인 셈이지요. 기념관 건물의 독특한 외관과 흉상에도 이동녕 선생의 독립운동 이야기가 담겨 있는 모습을 확인하셨다면 이제 기념관 내부로 들어가 볼까요.

기념관 안에 위치한 이동녕 흉상

이동녕 선생은 1869년 이곳 천안시 목천읍 동리에서 태어났습니다. 그는 22세에 학문에 전념하여 과거에 합격하였습니다. 26세부터 독립협회, 만민공동회, 상동청년회 활동을 하며 구국을 위해 계몽활동을 전개하였습니다.

1905년 이동녕 선생은 을사늑약 체결 반대 시위를 하여 감옥에 갇히기도 했습니다. 이동녕 선생은 36세에 또다시 만주 북간도로 망명하여 신학문 민족교육기관인 서전서숙 설립에 참여합니다. 안창호와 함께 신민회를 조직하여 활동했습니다. 1910년 한일강제병합으로 우리 민족의 주권을 빼앗기자, 만주 서간도로 망명하여 신흥무관학교를 설립하고 초대 소장을 맡았습니다. 신흥무관학교는 독립군 양성학교로 우리 민족의 무장투쟁을 이끈 많은 독립운동가를 배출하게 됩니다.

1919년 3·1운동이 전국적으로 일어나자, 독립운동 지도부 설치의 필요성을 느낀 사람들은 중국 상하이에 모여 회의를 엽니다. 1919년 4월 10일에

열린 이 회의에서 이동녕 선생은 지금의 국회의장 격인 임시의정원 의장을 맡았습니다. 이 회의는 자정이 지나서까지 이어졌고, 마침내 1919년 4월 11일 우리나라 최초 민주 공화제 체제를 갖춘 대한민국 임시 정부가 수립됩니다.

대한민국 임시 정부는 여러 세력 사이에서 독립운동 방법에 대한 의견 차이로 갈등이 벌어지며 위기에 부딪히게 됩니다. 많은 사람이 이에 실망하여 떠나는 상황에서 이동녕 선생은 단결과 통합을 주장하였고, 지금의 대통령 격인 대한민국 임시 정부 국무령을 맡아 해체 위기의 대한민국 임시 정부를 이끌었습니다.

중국 상하이에 있던 대한민국 임시 정부 청사 건물의 사진을 전시실에서 찾아보세요. 태극기가 꽂힌 건물이 중국 상하이에 있었다고 하니 사진 속 건물이 사뭇 의젓해 보입니다. 아까 들어오면서 보았던 이동녕 기념관의 건물 모양과 정말로 닮았지요.

1932년 윤봉길 의사 의거 후 대한민국 임시 정부는 삼엄해진 일제의 감시를 피해 상하이를 떠나 피난길에 오릅니다. 1937년 중일전쟁이 시작되면서 여러 차례 비행기 공습 등의 위험을 겪어야 했습니다. 67세 망국의 노인이 된 이동녕 선생이 겪었을 피난 생활은 쉽게 상상이 되지 않습니다. 그럼에도 이동녕 선생은 대한민국 임시 정부의 큰 어른으로 묵묵히 독립운동을 펼쳐 나갔습니다.

1940년 이동녕 선생은 통합의 필요성을 유언으로 남기며 70세의 나이로 중국 쓰촨성 자싱에서 영면합니다. 대한민국 임시 정부 최초로 열린 국장에는 전쟁 중임에도 불구하고 수많은 독립운동가가 모여 그를 추모하였습니다. 전시실에서는 국장 사진도 볼 수 있습니다. 사진 속 많은 조문객의 모습에서 그의 인품을 엿볼 수 있습니다.

돌과 같이 단단하고 어떤 유혹에도 흔들리지 않던 이동녕 선생

기념관을 나와 왼편에 보이는 생가지 앞에는 이동녕 선생의 동상이 여러분을 기다리고 있습니다. 묵묵히 자리를 지키고 있는 모습을 보니, 선생의 호인 '석오'가 떠오릅니다. 그의 호 '석오'에는 돌과 같이 단단하게 어떠한 유혹에도 흔들리지 않고자 했던 그의 의지가 담겨 있습니다. 백범 김구 선생은 이동녕 선생을 다른 사람의 부족한 점을 잘 채워 주고, 남을 먼저 앞세워 주는 어른이라 말하였습니다. 그 정도로 항상 자기 자리에서 묵묵히 할 일을 했던 이동녕 선생은 그의 호와 같은 인생을 살았습니다. 선생의 동상 옆에 앉아, 자신의 신념을 가지고 묵묵히 살아가기보다는 남보다 그저 조금이라도 더 앞서 나가려고만 하지 않았는지, 우리에게 석오와 같은 어른이 있는지, 또 나는 다른 사람에게 석오 이동녕 선생과 같은 존재일 수 있을지 되돌아보게 됩니다.

생가지에 앞에는 '산류천석'이라는 휘호가 새겨진 기념비가 있습니다. 산류천석, '산에서 흐르는 물이 바위를 뚫는다'란 뜻이지요. 언제 끝날지

(위) 이동녕 생가지 앞 동상, (아래) '산류천석' 휘호석

모르는 일제강점기의 독립운동은 끝이 안 보이는 깜깜한 터널을 지나는 막막한 느낌이었을 겁니다. 마땅히 이뤄야 하는 대의라 생각하고, 터널 끝 광명을 꿈꾸며 나아갔을 그에게도 포기하고 싶은 순간은 한두 번이 아니었겠죠. 그때마다 그는 산류천석을 떠올리며 다시 일어나지 않았을까요. 여러분도 포기하고 싶을 때 이동녕 선생의 삶을 생각하며 산에서 흐르는 물이 바위를 뚫듯 묵묵히 나아가시길 바랍니다.

잊힌 죽음을 기억하는 곳

국립 망향의 동산

노래 속 '망향의 동산'

1977년에 가수 이미자가 부른 〈망향의 동산〉이라는 노래가 있습니다. 조국에 대한 그리움과 죽어서라도 조국 땅에 묻히고 싶은 간절한 염원을 담고 있는 듯합니다. 그렇다면 가사 속 '망향의 동산'은 과연 어디에 있을까요?

검색 사이트에서 망향의 동산을 검색하면 전국 곳곳에 망향의 동산이 있음을 알 수 있습니다. 강원도 횡성, 전라북도 진안의 망향의 동산은 댐 건설로 인하여 마을이 수몰되어 고향에 대한 추억을 간직하기 위하여 조성된 곳입니다. 그리고 휴전선 때문에 북한에 있는 고향에 가고 싶어도 갈 수 없는 실향민들을 위해 조성된 망향의 동산도 전국에 많이 있습니다.

천안시 성거읍에도 같은 이름의 망향의 동산이 있습니다. 이곳은 다른 곳과 달리 타국에서 숨진 해외 동포를 위한 묘지공원입니다. 일제강점기에 고향과 가족을 등지고 조국을 떠날 수밖에 없었던 사람들이 있었습니다. 이들은 타국에서 갖은 고난과 망국의 서러움을 온몸으로 견디며 이방인으로 살아가지요. 그리고 많은 분들이 조국으로 돌아오지 못한 채 타국에서 돌아가십니다. 천안 망향의 동산은 이렇게 타국에서 숨진 영령들을 모시고 있는 묘원인 것입니다. 〈망향의 동산〉의 가사에 등장하는 '나 죽으면 묻어달라고 부탁하는 곳', 바로 천안에 위치한 망향의 동산입니다. 이곳에 잠들어 계신 한 분 한 분, 왠지 많은 이야기보따리를 가지고 계실 것 같지 않나요? 이야기 들으러 함께 가 보실까요?

성거산이 감싸 주는 '국립 망향의 동산'

천안 망향의 동산은 보건복지부가 관리하고 운영하기 때문에 정확한 명칭은 국립 망향의 동산입니다. 국립 망향의 동산 정문을 통과할 때 앞에 보이는 산은 성거산입니다. 산세가 화려하지도 험하지도 않은 소박한 동네 뒷산 같은 성거산이 국립 망향의 동산을 포근히 감싸 주고 있습니다. 성거산을 등지고 앞을 바라보면 부산 방향 경부고속도로에 있는 망향휴게소가

국립 망향의 동산 표지석

보입니다. 국립 망향의 동산과 마주 보고 있는 지리적 특성과 의미를 담아 망향휴게소라고 이름을 지었다고 합니다. 망향휴게소에는 망향의 동산 전경을 볼 수 있는 전망대가 마련되어 있고, 망향의 동산까지 갈 수 있는 보행 도로도 설치되어 있습니다.

'국립 망향의 동산' 조성 배경

먼저 국립 망향의 동산이 어떻게 조성되었는지 알아볼까요? 국립 망향의 동산 조성 1년 전인 1975년 추석 때 '해외 동포 모국 방문사업'의 일환으로 조총련(재일본조선인총연합회) 소속 동포 720여 명의 모국 방문이 이루어집니다. 해외 동포 모국 방문사업이란 공산권 나라에 살고 있어 모국 방문이 어려운 해외 동포들의 일시 귀국을 허용한 정책입니다. 인도적 차원으로 고향 방문을 허용하고, 해외 동포들에게 대한민국의 발전상을 직접 눈으로 볼 수 있는 기회를 제공하기 위해 실시되었지요. 모국 방문 희망자들이 속출하면서 불과 6개월 사이에 무려 7,000여 명의 해외 동포들이 모국을 방문하게 되고, 부산항과 김포공항은 해외 동포들의 가족 상봉으로 울음바다가 되었다고 합니다. 우리나라 국민은 모국을 찾아준 해외 동포들을 따뜻하게 맞이해 주었습니다.

해외 동포 모국 방문사업으로 일제강점기에 조국을 떠나 타국에서 이방인으로 살아갈 수밖에 없었던 해외 동포들의 삶이 조명받게 됩니다. 아울러 조국으로 돌아오지 못한 채 타국에서 숨진 해외 동포를 위한 묘지 건립이 필요하다는 국민적 공감이 형성되어 국민 성금이 모였고 경부고속도로 건설로 교통이 편리해진 천안에 망향의 동산이 조성되었습니다.

1976년 10월 2일 일본에서 조국 땅에 돌아온 1차 재일동포 유해 213구의 안장과 합동 위령제가 망향의 동산에서 엄숙히 거행되었습니다. 그래서 정부는 10월 2일을 '망향의 날'로 정하여 매년 해외 동포들의 영령을 추모하는 합동 위령제를 지내고 있습니다.

국립 망향의 동산

총면적 350,906m^2, 즉 10만평이 넘는 망향의 동산에는 6개의 묘역, 유골을 모신 봉안당(망향의 집), 유족들이 각자 원하는 종교 의식에 따라 제례를 거행하는 귀정각, 1983년 사할린 상공에서 소련 전투기에 격추된 대한항공

국립 망향의 동산

여객기 탑승객 희생자 269명의 명복을 비는 대한항공 여객기 피격 희생자 위령탑 등이 있습니다. 이 중 6개의 묘역을 중심으로 살펴보겠습니다.

무궁화 묘역과 위령탑

가장 먼저 시원한 물줄기가 참배객을 맞이하는 분수대가 보입니다. 엇! 분수대의 모양이 좀 특이합니다. 자궁에 웅크리고 있는 아기의 모습을 형상화했다고 하네요. 어머니의 따뜻한 품을 표현하기 위해서라고 합니다.

자궁 속 아기의 모습을 형상화 한 분수대

위령탑과 비천상

작은 시설물에도 나름의 상징과 의미를 부여하여 만든 섬세함이 돋보입니다.

분수대를 거쳐 계단을 올라가면 위령탑으로 향하는 길게 뻗은 참배로가 보입니다. 참배로 양옆으로 정갈하게 줄지어 서 있는 비석들이 보입니다. 이곳이 해외 동포 영령들이 잠들어 있는 무궁화 묘역입니다. 비석을 자세히 들여다보게 됩니다. 잠들어 계신 분의 이름 석 자가 정성스럽게 새겨져 있습니다. 비석 하나하나에 사연이 깃들어 있음을 알기에 저절로 비석을 쓰다듬게 됩니다.

참배로 끝에 까만 돌들이 깔려 있습니다. 대한해협(현해탄)을 상징하는 까만 돌길을 건너면 위령탑이 나타납니다. 위령탑 중앙에는 영령들의 넋을 받드는 제단석과 분향대가 설치되어 있네요. 잠시 숨을 고르고, 망향의 동산에 잠드신 영령들을 위하여 고개를 숙여 참배합니다.

고개를 들어 위령탑을 바라봅니다. 탑신에는 박정희 대통령의 휘호로 '망향의 동산'이 양각되어 있고, 두 팔을 하늘로 뻗으며 영혼의 승천을 바라는 비천상이 있습니다. 비천상의 하늘을 향해 뻗은 손짓, 하늘을 바라보는 눈빛에는 간절함이 서려 있어 비장하기까지 합니다. 비천상 왼쪽에는 조국을 떠나 고향을 그리는 망향의 여인상이, 오른쪽에는 나라와 민족을 사랑하는 애국상이 있습니다.

장미 묘역

위령탑 왼쪽에 유난히 밝고 따뜻한 햇볕이 비추는 장미 묘역이 있습니다. 장미 묘역 비석에 새겨진 어려운 한자 이름을 더듬어 가다 보면 반가운 한글 이름이 새겨진 비석을 만나게 됩니다. 바로 일본군 위안부 김학순 할머니와 김복동 할머니 비석입니다. 미디어에서 보던 할머니들이 이렇게 가까이 천안에 잠들어 계신다는 사실에 깜짝 놀랐습니다.

(왼쪽) 일본군 '위안부' 생존자 중 최초로 피해 사실을 공개 증언한 김학순의 묘비
(오른쪽) 인권운동가로 활발한 활동을 한 김복동의 묘비

김학순 할머니는 1991년 8월 14일 기자 회견을 통해 일본군 '위안부' 생존자 중 최초로 피해 사실을 공개 증언한 분입니다. 1991년은 국민 대다수가 일본군 위안부에 대하여 잘 알지 못했던 시기였죠. 김학순 할머니는 첫 증언 후 일본군 위안부 자체를 부정하는 일본 정부와도 싸워야 했지만 오히려 피해자들에게 손가락질하는 우리나라 사람들의 편견과 무지와도 치열하게 싸워야 했습니다. 김학순 할머니의 용기 있는 증언 덕분에 국내 피해자는 물론 세계 각지의 일본군 피해자들의 증언이 잇따르게 됩니다. 그리고 서서히 일본군 위안부의 실체가 드러나게 되었지요. 김학순 할머니의 공로가 인정되어 첫 증언을 한 8월 14일은 일본군 위안부 피해자 기림이 날로 지정되었습니다. 위안부 문제를 국내외에 알리고, 피해자들을 기리기 위한 기념식이 망향의 동산에서 매년 열리고 있습니다.

김학순 할머니 비석에서 아랫단으로 내려가면 김복동 할머니 비석을 만날 수 있습니다. 김복동 할머니는 일본군 위안부 피해자에서 인권운동가로 거듭난 삶을 사신 분입니다. 유엔 인권위원회와 미국, 유럽 각지를 순회하면서 피해 사실을 증언하여 국제 사회에 일본군 위안부의 존재와 피해 내용을 알리는 데 크게 기여했습니다. 그뿐만 아니라 전쟁 없는 세상과 전시 성폭력 피해자들이 생기지 않는 세상을 위한 여러 가지 활동도 끊임없이 하셨습니다. 할머니들의 영원한 안식과 평화를 기원합니다.

무연고 합장 묘역

장미 묘역을 지나 위쪽으로 조금만 올라가면 무연고 합장 묘역 추모비가 보입니다. 무연고 합장 묘역은 일제강점기에 강제 동원되어 희생된 무연고 한국인을 안장한 묘역입니다. 1937년 중·일 전쟁을 도발하면서 침략 전쟁을 확대한 일제는 우리나라 청장년들을 일본의 탄광, 철도 건설, 군수 공장으로 강제

무연고 합장 묘역

❶ 가나가와현, 홋카이도 등 돌아가신 지역에 따라 세워진 위령비
❷ 태평양 전쟁에서 희생된 분들의 합장 묘역 위령비
❸ 관동대지진에서 희생된 분들의 합장 묘역 위령비
❹ 사할린에서 희생된 분들의 합장 묘역 위령비

로 동원하여 노동력을 수탈했습니다. 생존자의 증언에 따르면 강제 동원 지에서의 생활은 노예와 같은 삶이었다고 합니다. 하루 할당량을 채우기 위해 하루 14시간 이상 노동해야 했고, 영양실조로 죽는 사람도 부지기수로 많았다고 합니다. 열악한 노동 환경과 부실한 안전 관리로 부상자가 속

아이랑 손잡고 **천안**

출했고, 사망하는 경우도 많았다고 하네요. 이렇게 강제 동원되어 일본에서 숨진 한국인들의 시신은 방치되었고, 사망한 뒤 너무 늦게 수습되어 신원 확인이 어려워 무연고 처리됩니다. 무연고 시신은 한 무덤에 묻는 합장으로 무연고 합장 묘역에 모시게 된 것입니다.

무연고 합장 묘역에는 19개의 합장 묘역이 있고, 9,000위의 영령이 모셔져 있습니다. 묘역마다 묘비를 세워서 돌아가신 지역을 설명하고 있습니다. 비석에 적힌 지역은 가나가와현, 홋카이도, 후쿠오카현, 야마구치현 등으로 일본 전역으로 강제 동원이 이루어졌음을 알 수 있습니다.

일본 전역에는 아직도 수습되지 않은 한국인 유해가 너무나 많다고 합니다. 일제강제동원피해자지원재단에서 국외 강제 동원 희생자의 유해를 조사하여 발굴하고, 국내로 봉환하는 사업을 벌이고 있지만 속도는 더없이 느리기만 합니다. 조국으로 돌아오지 못한 채 머나먼 타국에서 잠들어 있는 분들이 있음을 우리가 기억하고 관심을 기울인다면 유해 봉환 속도는 빨라질 것입니다. 유해 봉환이 활발하게 이루어져 희생자들의 존엄과 인권이 회복되었으면 합니다.

무연고 합장 묘역의 사죄비

'무연고 합장 묘역 추모비' 바로 옆에는 '요시다 세이지 사죄비 무단 훼손

요시다 세이지의 '일본인의 사죄비'와 그의 아들이 '일본인
의 사죄비' 위에 덧대었던 '위령비'

경위와 무단 훼손 복구 과정을 알리는 알림판'이 있고, 또 바로 옆에는 바닥에 거의 뉘어 설치된 '일본인의 사죄비'가 있습니다. 그런데 '일본인의 사죄비' 아래쪽에는 여기저기 파손된 채 전시된 '위령비'가 놓여 있습니다. 뭔가 어수선하고 요상한 분위기가 느껴집니다. 도대체 무슨 일이 있었던 걸까요?

요시다 세이지는 1982년 아사히 신문과의 인터뷰와 1983년 출간한 『나의 전쟁 범죄: 조선인 강제 연행』에서 자신이 동원 부장으로 재직하며 위안부 여성을 포함하여 조선인 6,000여 명을 강제 연행하는 임무를 수행했다고 증언합니다. 요시다 세이지의 증언으로 일본 사회에 일본군 '위안부' 문제와 강제 동원의 실상이 알려지게 되면서 공론화하는 계기가 마련되었습니다.

또한, 요시다 세이지는 『나의 전쟁 범죄: 조선인 강제 연행』 인세 수입 일부를 망향의 동산 '일본인의 사죄비' 설치비로 기부합니다. 1983년 12

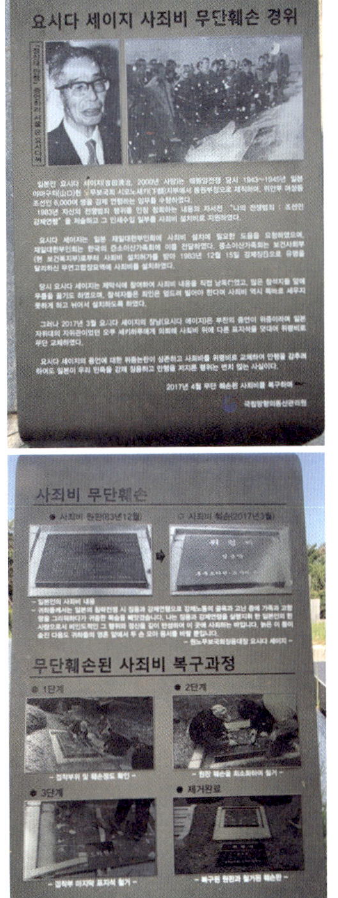

월 15일 망향의 동산에서 치러진 일본인의 사죄비 제막식에도 직접 참여해 사죄비 내용을 낭독하였고, 참석자들 앞에서 무릎을 꿇기도 했습니다. 그리고 일본인의 사죄비는 똑바로 세우지 않고, 엎드려 사죄한다는 의미로 바닥에 뉘여 설치됩니다.

그런데 요시다 세이지 증언의 진위 여부에 대한 논란이 불거지게 됩니다. 일본의 보수 우익들은 요시다 세이지의 증언이 위증이라고 주장하면서 일본군 위안부 존재 자체를 부정했습니다. 그러나 요시다 세이지는 2000년 사망할 때까지 자신이 위증했다는 발언은 하지 않습니다.

2016년 7월 국립 망향의 동산에 요시다 세이지의 장남이 보낸 편지가 배달됩니다. 자기 아버지의 증언은 위증이기 때문에 강제 징용에 대한 책임이 없으니 사죄비가 아닌 위령비가 세워져야 한다는 내용이었습니다. 그리고 2017년 3월 기존에 설치되었던 일본인의 사죄비 위에 '위령비'가

'고보 댐 강제 연행을 조사하는 모임'에서 세운 사죄비

덧대어져 무단 교체된 불미스러운 사건이 발생합니다. 경찰 조사 결과 요시다 세이지의 장남이 사람을 시켜 사죄비를 위령비로 무단 교체했다는 사실이 밝혀졌습니다. 망향의 동산 측은 무단 훼손된 일본인의 사죄비를 복구하면서 무단 훼손 경위를 알리는 알림판을 세우고 무단 교체되었던 위령비를 일본인의 사죄비 아래 전시함으로써 여전히 자행되고 있는 일본 보수 우익들의 만행을 알리고 있습니다.

요시다 세이지의 증언 논란과 무관하게 일본군 위안부 문제의 본질은 변함이 없습니다. 요시다 세이지 외에도 강제 연행을 했다고 자백한 진술은 차고도 넘치고, 일본 정부가 위안소 설치와 위안부 동원에 관여했음을 증명하는 문서도 다수 존재하기 때문입니다. 무엇보다 김학순 할머니의 증언과 같은 일본군 위안부 피해자 분들의 증언이 많이 있기 때문이죠.

일본인의 사죄비 옆에는 일본 민간단체에서 세운 또 다른 '사죄비'가 있습니다. 일본 히로시마현에 있는 고보 댐은 일본의 전력난 해소를 위해 1940년 3월에 착공해 1949년 12월에 완공됩니다. 고보댐 건설 현장에

4,000여 명의 한국인들이 동원되었고, 열악한 공사 조건과 가혹한 노동으로 수백 명이 희생되었습니다. 일본인들이 자발적으로 만든 민간단체 '고보 댐 강제 연행을 조사하는 모임'에서는 고보 댐 공사와 관련된 강제 동원 실태를 조사하였고, 댐 주변의 산과 들에 버려진 한국인 희생자의 유골을 수습하였습니다. 그리고 2003년 8월 22일 단체가 수습하여 보관해 오던 한국인 유해 6구를 들여와 망향의 동산 납골당에 안치하였고, 사죄비도 함께 세웁니다. 사죄비에는 "일본인이 저지른 강제 연행, 강제 노동의 비인간적 행위를 속죄하는 뜻으로 1910년 8월 22일 식민지 지배를 강요한 지 93년이 지난 오늘 대한민국 국립 망향의 동산에 사죄비를 건립하게 되었습니다."라는 문구가 새겨져 있습니다. 역사 속 과오를 진지하게 성찰하는 진정성이 느껴지네요. 일본 정부, 일본 기업, 심지어 한국 정부도 외면하고 있는 강제 동원의 실상을 자발적으로 조사한 민간단체 고보 댐 강제 연행을 조사하는 모임의 활동에 박수를 보냅니다.

무연고 합장 묘역에 나란히 세워진 두 개의 사죄비와 파손된 채 전시되어 있는 위령비를 통해 역사를 대하는 자세를 생각하게 됩니다. 역사 앞에 고개 숙여 과거의 잘못을 성찰하는 사람도 있지만 모르는 척 외면하는 사람 역시 존재합니다. 역사의 물결은 잔잔한 듯 보입니다. 하지만 수면 아래의 역사적 흐름은 기어코 물꼬를 만나면 용솟음치며 역사적 진실을 밝혀내지요. 역사 앞에 고개 숙이고, 겸손하게 성찰해야 하지 않을까요?

일본군 위안부 추모 조형물

　위령탑의 오른쪽에는 일본군 '위안부'를 추모하기 위해 만들어진 조형물이 있습니다.

　정면에서 조형물을 바라보면 4개의 돌벽이 보입니다. 왼쪽부터 첫 번째, 두 번째 돌벽은 피해자로서의 삶을, 세 번째 돌벽은 인권운동가로서의 삶을, 네 번째 돌벽은 사랑을 베풀고 떠나는 할머니들의 모습을 표현하고 있습니다. 특히 두 번째 돌벽의 소녀를 보노라면 다리 힘이 풀리면서 '쿵' 하고 털썩 주저앉으며 흐느끼는 모습을 마치 동영상으로 보는 듯한 착각을 일으키게 합니다.

정면에서 바라본 조형물

측면에서 바라본 조형물

　4개의 돌벽 앞에는 눈물 모양의 조각상이 검은색의 네모난 받침대 위에 놓여 있습니다. 검은색과 대비되어 눈물 모양 조각상은 더없이 순결하고 영롱해 보입니다. 위안부 피해자 할머니들은 이런 눈물을 너무나 많이 흘리셨겠죠?

　조형물을 멀찍이 떨어져서 바라보면 사람의 '눈'을 표현하고 있음을 알 수 있습니다. 네 개의 돌벽은 속눈썹을, 돌벽 앞에 있는 검은색의 원형과 받침돌은 눈동자를 표현하고 있지요. 우리를 바라보고 있는 위안부 피해자 할머니들의 따뜻한 눈동자 같기도 하고, 할머니들을 위로하고 기억하려는 우리들의 시선 같기도 합니다.

재일 학도의용군 위령비

재일 학도의용군 묘역

　일본군 위안부 추모 조형물에서 위쪽으로 조금만 걸어 올라가면 재일 학도의용군 위령비가 보입니다. 재일 학도의용군은 6·25전쟁에 참전하기 위해 재일동포 2세들이 자발적으로 만든 의용군입니다. 북한군의 기습 남침으로 발발한 6·25전쟁 때 서울은 불과 3일 만에 북한군에게 점령됩니다. 그리고 전선은 낙동강까지 밀리게 되지요. 그러자 일본에 거주하고 있던 재일동포 2세들은 조국을 구하겠다는 일념으로 재일 학도의용군을 만들어 6·25전쟁에 참전하게 됩니다. 인천상륙작전에 69명이 참전한 것을 시작으로 모두

5차례에 걸쳐 642명이 참전합니다. 병역의 의무는 없었으나 오로지 위험에 처한 조국을 구하는 데 작은 보탬이 되고자 대한해협을 건넜던 거지요.

그런데 휴전 후 가족이 기다리고 있는 일본으로 돌아가는 길은 쉽지 않았습니다. 1952년 샌프란시스코 강화조약이 운명을 갈라놓습니다. 1952년 강화조약 이전, 즉 연합군 군정 체제 시기에는 임무를 마친 학도의용군 265명은 일본에 무사히 돌아갈 수 있었습니다. 그런데 1952년 강화조약으로 주권을 회복한 일본 정부는 재일 학도의용군들이 출국 허가 없이 나갔다는 이유로 242명의 입국을 거부합니다. 가족이 살고 있는 일본으로 갈 수 없다니! 청천벽력과도 같은 일이었을 것입니다. 이후 한국에서의 삶은 녹록치 않았을 것이고, 무엇보다 일본에 있는 가족에 대한 그리움은 그 무엇으로도 채울 수가 없었을 테지요. 이곳에는 순수한 애국심으로 나라를 지키고자 했던 분들이 잠들어 계십니다.

역사적 죽음을 기억해야 하는 책임

일제강점기, 나라를 빼앗긴 한국인들은 세계 각국으로 떠나게 됩니다. 일본의 낯선 지역으로 강제 동원된 사람들이 가장 많았을 것이고, 신문의 광고를 믿고 하와이, 멕시코로 노동 이민을 가는 사람들도 많았습니다. 두만강, 압록강 건너 만주로 이주하고, 러시아 연해주로 삶의 터전을 옮기는 사람도 많았습니다. 타국에서 갖은 고난을 견디며 살아가야 했고, 고향을 향한 그리움과 망국의 서러움이 더해져 힘든 삶이었을 것입니다.

국립 망향의 동산은 해외 동포들의 영령을 모신 곳으로 그들의 고단했을 삶을 위로하고, 외로웠을 죽음을 기억하는 장소입니다. 또한 비석 앞면에 이름 석 자도 새기지 못하는, 아무도 기억해 주지 않는 무연고자의 죽음도 기억하는 곳입니다. 역사적 죽음을 기억해야 하는 책임은 현재를 살아가는 우리에게 있습니다. 그렇기에 지금보다 많은 사람들이 국립 망향의 동산을 찾았으면 합니다. 그래서 국립 망향의 동산이 조금 더 시끌벅적 해졌으면 좋겠습니다. 가족 단위로 나들이 와서 참배 후 정자에서 도시락도 까먹고, 어린 아이들이 뛰어놀며 내지르는 웃음소리도 많이 들렸으면 합니다. 지역 주민들의 산책 코스로, 중고등학생들의 체험 학습 장소로 더 많이 이용되었으면 합니다. 살아생전 타국에서 외로웠을 영령들에게 후손들의 하하, 호호 웃음소리와 시끌벅적 이야기 소리는 자장가처럼 달콤하게 들리지 않을까요?

테마 06.
식민지를 딛고
평화와 민주주의로

식민지 농촌 사회의 삶과 모순을 묘사한 문학 작품

민촌 이기영의 '고향' 길

사람이 살기 편하다는 천안은 지금 인구가 65만 명이 넘는 대도시이지만 100여 년 전인 일제 강점기에는 산과 들, 냇가가 어우러진 농촌이었습니다. 농촌 마을은 봄에는 새싹이 돋아나고 예쁜 꽃들이 아름다움을 뽐내는 향연이 펼쳐집니다. 울울창창한 여름을 지나 가을이 되면 들판은 황금색으로 변하고 형형색색의 단풍이 물들어 갑니다. 겨울이 오면 온 마을이 소복한 눈으로 하얀 천국이 되기도 합니다.

농촌은 늘 자연 속에 있지만 사람들의 고단한 삶이 펼쳐지는 생활의 터전이기도 합니다. 일제 강점기를 겪어낸 농민들의 삶은 더없이 팍팍하였습니다. 이기영 선생은 천안 지역을 공간적 배경으로 이와 같은 식민지 농촌 현실과 농민들의 삶을 사실적으로 그려낸 소설을 썼습니다. 소설 속의 인물과 사건도 일제 강점기 천안에서 일어난 사실을 바탕으로 묘사하였습

민촌 이기영 (1946년)

니다.

민촌 이기영 선생은 동학 농민 운동이 일어난 이듬해인 1895년 아산시 배방읍 회룡리에서 태어나 세 살 때쯤 천안의 안서동으로 이사왔습니다. 30세인 1924년에 「오빠의 비밀 편지」가 『개벽』지 현상 문예에 당선되었습니다. 이를 계기로 조선지광사에 입사하여 서울로 올라갈 때까지 안서동의 중암 마을, 유량동의 분텃골, 벌말, 가코지 등에서 살았습니다. 1933년에는 생활고를 해결하기 위해 안서동 성불사에서 40여 일 동안 장편 소설 『고향』을 저술하였습니다. 일제 강점기 식민지 민초들의 삶을 담아낸 『고향』, 『신개지』, 『봄』 등 이기영의 문학 작품들은 대부분 천안을 배경으로 하고 있습니다.

소설 『고향』의 무대인 원터 마을이 나의 고향인 것처럼, 소설에 등장하는 인물들은 긍정 인물이나 부정 인물이나 다 같이 고향에 살고있는 실제 인물들이 그 원형으로 되고 있습니다. 그 원형과 작중 인물의 용모, 체취, 성격이 아주 똑같은 것은 아니며 그들의 운명과 호상 관계가 실제 사실과 완전히 일치하는 것은 아닙니다. 그러나 소설에서 묘사된 것은 하나도 거짓말이 없으며 실재한 현실을 예술적으로 허구하고 가공하여 표현하였을 뿐입니다.

- 이기영, 「작가의 학교는 생활이다」, 『문학신문』, 1962

태조산 성불사, 이기영의 대표 소설 『고향』 집필 공간

태조산 성불사는 백학이 날아와 암벽에 불상을 새기다 완성하지 못하고 날아간 자리에 태조 왕건의 명에 따라 도선 국사에 의해 세워진 사찰입니다. 성불사 대웅전 안에는 대부분의 사찰처럼 부처님이 모셔져 있지 않고, 암벽에 새겨진 마애불이 부처님을 대신합니다. 불보 사찰인 양산 통도사 금상계단과 같이 석가모니 진신 사리가 모셔진 사찰에서 부처님을 모시지 않는 사례와 같습니다.

태조 왕건이 이룩한 민족의 재통일이 시작된 천안에 자리한 성불사는 천여 년의 역사를 거치고 남·북한 문학의 통일을 위한 안마당으로 자리합니다. 남한과 북한 양쪽에서 필력을 떨친 이기영이 일제 강점기 최고의 사실주의 소설인『고향』을 성불사에서 집필했기 때문입니다.

이기영은 근무하던 잡지사가 문을 닫고 장편 소설을 연재하던 신문이 휴간하면서 집안 살림을 유지하기가 어려워졌습니다. 경제적 어려움을 해결하고자 서울에서 내려와 1933년 7월 17일부터 8월 말까지 성불사에 살면서 약 40일 동안 2,000여 장의 소설『고향』의 초고를 완성하였습니다. 맑은 날이면 서해 바다가 확 트이게 내다보이는 대웅전과 당시 수령이 750여 년의 오래된 성불사의 느티나무가 선생의 집필 활동을 함께 했겠지요.

소설『고향』이 1933년 11월부터 조선일보에 연재되면서 집안의 살림살이도 나아지게 됩니다. 하지만 1934년 8월 제2차 카프 사건으로 선생이 감옥에 갇히게 되면서 소설의 뒷부분은 김기진 작가가 이어서 완성하게 됩니다.

『고향』은 천안을 배경으로 일제 강점기 농촌의 모습, 소작인과 마름의 대립, 각 인물들 간의 갈등 관계, 이상과 현실의 차이에서 오는 내면의 갈등 등을 당시 천안에서 일어났던 사건을 바탕으로 사실적으로 표현하고 있는 소설입니다.『고향』은 일제 강점기 노동자, 농민들의 성장과 투쟁을 다룬 사실주의 농민문학의 최고봉으로 일컬어지고 있습니다.

절 밑 동구에는 아름드리 느티나무가 절벽과 바위 사이로 두터운 그늘을 떠이고 섰다. 거기에는 녹음이 뚝뚝 떴고 매미 소리는 서늘하게 석간수처럼 흐른다. 그 옆으로 골짜기를 흐르는 맑은 물은 바둑돌 같은 반석을 씻고 흘러서 군

(왼쪽) 민촌 이기영이 『고향』을 집필했던 천안 성불사 전경, (오른쪽) 1936년 출간한 『고향』의 겉표지

데군데 석담(石潭)을 이루고는 다시 층암으로 떨어진다. 쳐다보면 의외한 석봉은 하늘과 마주 닿았는데 그 중턱에 조그맣게 터전을 잡고 제비집 같이 깃들인 것이 일심사란 외로운 절이다.

– 이기영, 『고향』 중에서

안서동 줌암 마을, 어린 시절을 보낸 공간

이기영은 아산에서 태어나 세 살 때 천안 안서동 중암 마을로 이사를 와서 이곳(안서동 311번지 추정)에서 성장하였습니다. 무과에 급제한 아버지가 벼슬을 얻고자 서울에서 생활하면서 살림살이가 어려워지자 큰고모

중암 마을에 설치된 민촌 이기영의 고향길 표지판

가 살던 집 근처로 이사오게 된 것입니다. 감수성이 짙은 11세에 어머니가 장티푸스로 사망하고 아버지는 서울 생활을 청산하고 내려옵니다. 7세부터 서당에서 공부하다가 이 해에 부친이 지역 유지와 협력하여 세운 사립 영진학교에 입학하여 동지이자 처남이 되는 홍진유와 친교하게 됩니다. 1908년 14세에는 2살 연상인 조병기와 결혼을 합니다.

2018년에는 천안역사문화연구회가 중심이 되어 민촌 이기영의 '고향'길 표지판을 세웠습니다.

내가 살던 곳은 바로 중엄리였다. 이 통 안에서 상, 중, 하엄리가 그중 터전이 넓다 하겠는데 그래도 앞뒤로 산이 막히고 개울이 흘러서 전토(田土)라고는 불과 몇 석 지기가 안 되었다. 그나마 천수답이 많고 산속으로 들어박힌 논다

랑이는 그야말로 눈깔 만큼씩 한 찬물받이였다.

그러고 보니 주민의 생활은 불문가지였다. 상, 중, 하엄리의 3동을 합하여도 불과 100호 미만의 호수(戶首)가 생계는 농업인데 농토가 부족하여 그때도 개와(蓋瓦)집 한 채를 볼 수 없는 가난뱅이들이 삼간 두 옥의 초막 신세를 지고 살던 것이었다.

상엄리에서 뒷고개를 넘으면 유왕골이라는 고산지대다. 거기기는 여름에도 매미 소리를 못 듣는다는 - 본격적 산중이다.

거기 사람들은 대부분 숯을 굽거나 짚신을 삼아서 천안 장에다 파는 것이 유일한 생업이었다. 그러나 엄리 사람들은 그런 벌이도 여의치 않아서 농업의 다음으로는 나무 장사를 하는 것이 부업이었다.

- 내 문학을 길러준 곳, 교박한 천안 뜰 뒤, 「동아일보」, 1939. 3. 25

분텃골, 방랑 생활이 시작된 곳

이기영 선생의 아버지가 술 문제에다가 아들의 결혼 비용, 영진학교 설립에 과다한 기부금 출연, 금전 개발의 실패 등으로 파산하였습니다. 중암마을 집마저 잃자 선생은 1909년 15세에 할머니를 비롯한 가족과 함께 쇠목 고개를 넘어 분텃골(유량동 269번지)에 있는 큰고모 사랑채로 이사했습니다.

선생은 잠업 강습소를 수료하기도 하였고 토지조사국 기수 채용 시험에 응시하였으나 낙방하기도 하였습니다. 서점의 점원, 천안군청 임시직으로 근무하기도 했습니다.

18세에 가출하여 부산, 마산까지 다녀오기도 했고 이후에도 홍성, 서산, 해미 등에서 막노동판의 통역이나 날품팔이를 하기도 하였습니다. 다시 인천, 서울, 경상도 상주, 영주, 전라도 등을 돌아다니다가 부친에게 붙들려 옵니다. 23세에 기독교에 입문하여 교회의 권사 직책을 맡고 교회의 부속 학교인 논산 영화여학교에서 교사 생활을 하다가 24세인 1918년에 할머니와 아버지의 죽음을 계기로 사직을 하고 방랑 생활을 마감합니다.

아버지의 파산과 이사, 그리고 잇따른 방황이 선생에게는 식민지 현실의 본질을 제대로 파악하고 미래의 삶에 대한 방향을 정하는 데 큰 계기가 되었습니다.

한길주는 이 집을 ㄱ, ㄴ자 형으로 지었다. 안채는 ㄱ자로 안방 세칸, 마루방 여섯 칸, 부엌 한 칸과 건넌방 칸 반이다. 사랑채는 큰사랑이 마루까지 4칸, 작은 사랑이 두 칸과 큰 대문이 두 칸으로 되었다. 그리고 사랑채 부엌에서 연달아 마방과 광을 붙여 지었다.

안채 부엌 뒤에는 일자로 딴채를 세웠다. 그 방들은 노비와 침모, 차집들의 거처로 되었다. 후원에는 장독대가 놓였다. 모과나무, 감나무, 배나무, 은행나무 등의 큰 과목들이 서 있고, 비탈진 언덕에는 참대 수풀이 청청하게 우거졌다. 이 참대밭 위로는 높은 담장을 삥 둘러치고 기와로 담 위를 덮었다. 담장 뒤로는 바로 산이다. 산에는 큰 소나무들이 또한 울창하게 들어섰다.

마당 건너편은 언덕이 졌다. 이 언덕 가에 사철나무 울타리가 막아섰고 복숭아, 살구 등의 과수와 수양버들의 늙은 고목이 그 안에 섰다. 그 밑은 낭떠러지로 된 옥녀봉 골짜기에서 한 줄기 석간수가 흘러나왔다.

- 이기영, 『두만강』 1, 풀빛, 1989

소설 『봄』 무대인 어머니의 무덤, 아버지 합장

이기영 선생의 나이 11세 때, 어머니가 37세로 장티푸스로 죽자 오늘날

상명대학교 본관 맞은편 산언덕(안서동 산132-3번지)에 묘가 조성되었습니다. 선생은 중암 마을 집에서 바라다보이는 어머니의 무덤을 보면서 10대 초반을 보냈습니다. 아버지가 유량동 분텃골 큰고모 집 사랑채에서 46세에 사망하자 어머니의 묘에 합장하였습니다. 현재는 몇 년 전 이기영의 장손이 이장하여 터만 남아 있습니다. 소설『봄』에 모친의 묘소를 배경으로 한 선생의 어린 시절이 잘 묘사되어 있습니다.

무덤 위에도 새싹은 파릇파릇 돋아난다. 낮에는 해가 비치고 밤이면 어둠이 둘러싸이긴 인간과 다름이 없건마는 저 세계는 어찌하여 생명이 없고 통할 길이 없다는가. 이를 일러 유명(幽明)이 다르다 함인가. 자고 깨면 그는 먼저 안산이 건너다보였다. 세 무덤의 고총(古塚)이 나란히 묻힌 옆으로 모친의 새로 쓴 산소가 쓸쓸하게 홀로 묻혔다.

- 이기영, 『봄』, 풀빛, 1989

내가 만일 모친상을 일찍 당하지 않았던들 나는 그때 이야기책을 탐독하지도 않았을 것이오. 따라서 문학과는 인연이 멀어졌을는지도 모른다.

나는 열한 살 먹던 해 봄에 모친상을 당했었는데, 그 뒤로는 어쩐지 세상이 달라진 것 같은 일변한 나의 주위가 몹시 쓸쓸해져서, 나는 갑자기 구름 속에 든 태양 같은, 늘 그늘지고 실심한 기분 속에 그날그날을 살게 되었다. ……

내가 어려서 모친상을 당하지 않았다면, 그것은 우리 집 환경에도 그 전보다

다를 것이 없을 것이요. 따라서 나에게도 물질적으로나 정신적으로나 커다란 변동이 없었을 터이니까, 내가 이야기책 속으로 뛰어든 것은 오로지 모친상을 당했기 때문이라 해도 과언이 아닐 것이다.

- 이기영, 「문학을 하게 된 동기」, 『문장』, 1940년 2월호.

가코지, 단편 「오빠의 비밀 편지」로 등단한 장소

이기영 선생은 분텃골 큰고모 집에서 할머니와 아버지를 여의고 한 달 정도 지나 1918년 12월에 분텃골 근처의 벌말(유량동 383번지)로 이사하였습니다. 이 시기에 일제의 식민 지배에 전 민족이 항거하였던 3·1운동을 겪게 됩니다. 이듬해 7월에는 가코지(유량동 219-2번지 추정)로 옮겼습니다. 이때는 벌말로 이사온 후 들어갔던 천안군청에서 호서은행으로 직장을 옮겨 경제적 어려움이 어느 정도 해결됐던 시기였습니다. 가코지는 천안 향교가 자리한 마을로 주로 농민들이 모여 사는 민촌입니다. 이기영 선생의 중편 소실인 「민촌」이 가코지를 배경으로 쓴 작품입니다. 선생의 호인 '민촌'이 여기에서 유래합니다.

선생은 16세 때부터 신소설을 읽기 시작한 이후 1919년 3·1운동을 전후하여 이광수와 최남선의 작품을 애독하면서 문학을 동경하기 시작하였습니다. 이즈음 청년회 활동과 문화 계몽 사업에 참가하고 동아일보에 시

(왼쪽) 향교말에 설치된 민촌 이기영의 '고향'길 표지판
(오른쪽) 민촌 이기영의 유량동 가코지 집터 추정지

사 문제에 대한 단평과 창가를 지어 투고하기도 합니다.

선생은 28세 때인 1922년에 일본 도쿄의 세이소쿠 영어 학교에 입학하여 홍진유와 자취하며 공부하다가 이듬해 관동 대지진을 겪고 귀국합니다.

1924년에는 「오빠의 비밀 편지」가 『개벽』지 현상 문예에 당선되어 등단하였고, 조선지광사에 입사하여 서울로 거처를 옮기게 됩니다.

태조봉 골짜기에서 나오는 물은 향교말을 안고 돌다가 동구 앞에 버들 숲속을 뚫고 흐르는데, 동막골로 넘어가는 실뱀 같은 길이 개를 건너 논둑 사이로 요리조리 꼬불거리며 산잔등으로 기어 올라갔다. 그 길가 냇둑 옆에 늙은 상나무 한 주가 마치 등 고분 노인의 지팡이를 짚고 있는 형상을 하고 있는데 거기에는 언제든지 맑은 물이 남실남실 두던을 넘어 흐른다.

향교말이란 동리는 자래로 상놈만 사는 민촌으로 유명한 곳이었다. 과연 사오십 호나 되는 동리에 양반이라고는 약에 쓰려고 구해도 없는 상놈 처지였다. 어쩌다 못생긴 양반이 이 동리로 이사를 왔다가는 그들에게 돌려서 얼마를 못 살고 떠나고 떠나고 하였다.

그러나 그전에는 양반의 덕으로(?) 향교 하나를 중심하여 향교 논도 부쳐 먹고 향교 소임 노릇도 해서 먹고살기는 그렇게 걱정이 없더니 시체 양반은 잇속이 얼마나 밝은지 종의 턱찌기까지 핥아먹는 다라운 양반이 생긴 뒤로는 그나마 죄다 떨어지고 지금은 향교 고지기가 겨우 여남은 마지기를 얻어 부치는 것뿐이었다.

- 이기영, 「민촌」, 『이기영 단편선 민촌』, 문학과 지성사. 2006

이기영, 문학으로 일제의 식민 지배에 저항

이기영 선생은 30세인 1924년 서울로 올라와 출판사에 다니면서 1925년에 결성된 조선 프롤레타리아 예술 동맹 '카프'에 가입하여 활동합니다. 카프는 일제의 식민 지배에 대한 저항과 함께 계급적 투쟁을 강조하는 문학 단체였습니다. 선생은 카프의 중앙위원회 위원이자 출판부의 책임을 맡기도 합니다. 이후 카프 활동으로 두 차례에 걸쳐 일제에 의해 수감되기도 합니다. 이 시기에 소설 집필에도 힘을 기울여 『서화』, 『고향』, 『봄』,

아이랑 손잡고 천안

『인간수업』,『대지의 아들』 등을 발표합니다.

1945년 해방이 되면서 조선 프롤레타리아 예술 동맹을 주도하다가 11월 하순에 월북을 하게 됩니다. 북한에서 조선문학예술총동맹 중앙위원장을 종신으로 역임했으며 1984년 90세의 나이에 사망하여 평양 신미리의 애국열사릉에 묻혔습니다.

북한에서 『땅』을 집필하였고, 대하소설 『두만강』으로 인민상 문학상을 수상하였습니다. 집단성과 프로 문학의 전형을 보여 주는 뛰어난 문학성으로 레닌 문학상을 수상하고 노벨 문학상 후보에 오르기도 하였습니다.

이기영 선생의 소설, 통일로 가는 남북 문화 교류의 디딤돌

1945년 광복 이후 남북한의 분단은 문화에서도 양쪽 모두 이념 우선의 정책을 펼침으로써 이질감이 커졌습니다. 남북한은 각각 좋아하는 문학인이 다르고 광복 이후의 작가들은 상호 교류가 거의 없다시피 지내왔습니다.

남한에서도 일본의 식민 지배를 비판했던 작가가 광복 이후 북한에서 활동했다는 이유로 일제 강점기의 작품과 활동에 대해 제대로 평가받지 못하고 있습니다.

남북한 공존과 평화 통일을 위해서는 문학에서도 이념의 잣대를 넘어 일제 강점기 친일 문학인을 제외하고 민족의 독립이라는 관점에서 남북한 모두 규제를 풀고 상호 교류를 넓혀야 합니다. 민족의 독립이라는 식민지 시대 문학에 대한 평가에서 그 첫 인물은 민촌 이기영 선생입니다. 선생의 작품은 분단된 문학의 통일과 남북한의 통일을 위한 디딤돌입니다.

선생은 일제 강점기부터 민족 분단의 시기를 온몸으로 부딪치며 살면서 본인이 살았던 공간을 배경으로 민초들의 삶과 고통, 그리고 저항을 사실적으로 그려냈습니다. 선생의 삶과 작품은 남북한이 문화적 교류를 통해 역사와 삶의 공감을 넓혀갈 수 있는 통로입니다. 선생의 생애와 문학의 복원은 분단을 넘어 평화의 한반도를 열기 위한 남북한의 교류와 소통의 첫걸음입니다.

천안에서 친일파 연구의 디딤돌을 놓다

임종국과 요산재

광복 이후에도 계속되는 친일과 민족정기의 훼손

1945년 8월 15일은 35년간의 일제 식민 지배에서 벗어난 날입니다. 그래서 우리는 8월 15일을 잃었던 국권의 회복을 경축하고 독립정신의 계승을 통한 국가발전을 다짐하고자 국경일로 지정하여 기념하고 있습니다.

일제 강점기에는 한국인의 삶이 전부 부정된 시기였어요. 우리 민족의 말과 글, 역사를 빼앗기고 일제 천황의 백성이 되기를 강요당했어요. 제2차 세계 대전을 일으킨 일제는 공출제도를 비롯한 경제적 수탈은 물론 한국인을 군수 공장이나 전쟁터에 강제로 내보내고 심지어는 초등학교 여학생까지 일본군 위안부로 끌고 갔습니다.

해방과 동시에 한반도에는 3·8선이 그어졌고, 남한 지역에는 대한민국

1989년의 임종국(1929~1989) 선생

이 세워졌습니다.

　대한민국은 대한민국 임시 정부의 법통을 이어받았지만 일제 강점기에 친일로 부귀영화를 누리던 사람들이 여전히 행정, 경찰, 군대 등 정부 기관에서 고위직을 역임하며 잘사는 상황이 계속되고 있습니다.

　더 나아가 친일의 역사를 부정하거나 독립운동가들을 무시하면서 일제의 식민 지배를 합리화하는 비정상적인 일들이 현재에도 버젓이 우리나라 사람들에 의해서 일어나고 있어요.

삼룡동 요산재, 임종국 선생의 자취가 가득한 공간

이와 같은 상황에 대해 큰 문제의식을 가지고 우리 천안에서 살면서 친일파 청산을 통해 민족정기를 바로잡고자 혼신의 힘을 다하다가 돌아가신 분이 바로 임종국 선생입니다.

임종국 선생의 요산재 표지판

서울에 살던 임종국 선생은 1980년 늦가을에 조선 시대 목천현 관아의 뒷산인 흑성산과 마주한 취암산 기슭의 동남구 삼룡동 3–5번지(동남구 샛골길 148)로 이사를 옵니다. 나이가 들면서 건강이 안 좋아지고 고정적인 수입이 없어 집안 살림이 어려워지자 서울을 하루만에 다녀올 수 있는 천안으로 주거를 옮기게 된 것입니다.

삼거리 공원 주차장 맞은편 공원슈퍼 옆을 지나 동네 골목길을 5분 정도 걷다 보면 경부고속국도를 가로지르는 굴다리가 나옵니다. 굴다리를 건너서 참샛골 낚시터를 거쳐 15분 정도 지나면 임종국 선생이 살던 요산재(樂山齋)를 알리는 안내판이 보입니다.

안내판에는 다음과 같은 선생의 어록이 새겨져 있습니다.

권력 대신 하늘만 한 자유를 얻고자 했지만 지금의 나는 다섯 평 서재 속에서 글을 쓰는 자유밖에 가진 것이 없다. 야인이요 백면서생으로 고독한 육십 년을 살았지만 내게 후회는 없다. 중뿔난 짓이었어도 누군가 했어야 할 일이었다면 내 산 자리가 허망했던 것만은 아니라는 생각이 든다.

임종국 선생은 1970년대 중반에 천안시 삼룡동에 18,000평의 땅을 구입하여 밤나무와 호두나무를 심었습니다. 지금 집 주위로 보이는 밤나무는 당시의 나무는 아니고 다시 심어진 나무입니다. 주택의 외관은 새롭게 단장되었고, 주택 오른쪽의 창고만이 당시의 건물입니다.

요산재, 임종국 선생이 일군 친일파 연구의 산실

1980년 11월에 이사 온 요산재는 1988년 가을에 구성동으로 이사할 때까지 임종국 선생이 거주한 치열한 생존의 공간입니다. 선생은 이곳에서 밤농사, 양돈, 양계, 더덕 농사 등으로 가족을 경제적으로 부양했고 친일파 연구와 일제 침략사 연구에 매진하였습니다.

임종국 선생이 천안에서 거주한 시작한 이후 매년 한 권씩의 일제 침략

요산재 주택

과 친일파에 대한 연구서를 집필하였는데요. 아픈 몸으로 주경야독하면서 전문 연구서를 써낸 것이었습니다.

5평의 작고 어두운 서재에서 사과 궤짝으로 만든 책상 위에서 하루에 10시간씩 원고를 써 내려간 결과물이었습니다.

선생은 천안에 정착한 이후 『한국사회 풍속야사』, 『일제 침략과 친일파』, 『일제하의 사상 탄압』, 『밤의 일제 침략사』 등 9권의 책을 출간하였습니다.

집필 활동은 사실 자료와 건강과의 싸움이었습니다. 1984년 중반에는 중학교를 휴학 중이던 둘째 아들과 함께 서울에서 6개월 동안 자취 생활을 하면서 일제 강점기의 자료를 수집하였습니다. 아들의 도움을 받아 『총독부 관보』 35년분 2만 장 이상은 복사를 하였으나, 경제적 어려움으로 『매일신보』 종전 10년분은 필사하였습니다. 선생의 건강은 하루 종일 먼지 가득한 자료 더미에서 오래된 신문을 뒤적이는 일로 더욱 악화되었습니다.

50세가 넘어 타향에서 아들을 고생시키면서까지 일제 침략과 친일파 자료를 조사, 수집한 임종국 선생의 집념과 실천은 여느 학자나 연구자도 가지 않은 고난의 여정이었습니다. 돈벌이나 학문적 명예를 위해서라면 결코 들어설 수 없는 고난의 길이요, 암흑에서 길을 안내하는 북두칠성 같은 선지자의 실천이었습니다.

완성되지 못한 친일파 총서

임종국 선생은 1985년부터 친일 문제 연구와 친일파의 행적을 종합적으로 정리하기 위해 1876부터 1945년까지의 정치·행정·문화·종교 등 사회 전반을 대상으로 200자 원고지 15,000장 정도의 10권짜리 친일파 총서 집필을 1994년에 완성하기로 계획하였습니다. 하지만 1988년 『일본군의 조선 침략사 1, 2』 두 권만 완성하고

임종국 선생 묘소

선생의 계획은 미완으로 그쳤습니다.

임종국 선생의 자취와 혼이 서린 천안 삼룡동 요산재는 일제 침략사 연구에 혼신을 다한 역사 정의 실현의 생생한 현장입니다. 친일 청산을 위한 출발지요 용광로입니다.

선생은 1988년 여름 시내인 구성동(구성 7길 17)으로 이사를 합니다. 폐기종이 악화되어 건강을 돌볼 필요가 있었기 때문입니다. 더 중요한 이유는 삼룡동 땅을 팔아 구성동 집을 사고 남은 돈을 생활비로 쓰면서 연구와 집필에 전념하기 위해서였습니다. 하지만 선생은 친일파 총서를 완성하지 못하고 1989년 11월 별세하였습니다. 유해는 광덕면 천안공원묘원 무학지구(철쭉 4단 1번)에 모셔졌습니다.

2016년 11월 13일에는 신부 평화공원에 임종국 선생의 생전의 모습을 토대로 한 흉상과 역사의 펜을 잡고 있는 팔을 형상화한 조형물을 세웠습니다. 흉상의 기단 정면에 '영광의 기록만이 역사는 아니다'라는 글귀가 새겨져 있습니다.

민족문제연구소, 임종국 선생의 친일 청산 의지를 실천하는 기관차

선생의 빈소 자리에서 선생이 생명을 바친 친일파 연구가 잊힐 것을 염려한 뜻있는 학자들이 친일 문제 규명을 주로 하는 연구소 설립을 논의한

『친일인명사전』

결과 1991년 결성된 단체가 민족문제연구소인데요. 민족문제연구소는 한국 근현대사의 쟁점과 과제를 연구 해명하고, 한일 과거사 청산을 통해 굴절된 역사를 바로 세우고자 활발한 연구와 실천 활동을 벌이고 있습니다.

구체적인 활동으로는 친일파 기념사업 저지, 독립운동가 선양사업, 한일 교과서 바로잡기, 동아시아 시민사회 교류, 야스쿠니 반대 국제 공동 행동, 일제하 강제 동원 진상규명과 소송지원, 남북 공동 학술연구 및 자료 교류, 독도 주권 수호 활동, 친일 반민족 행위자 재산 환수 운동 등을 들 수 있습니다.

특히, 2009년에는 선생이 연도에 따라 인물, 단체별 친일 행위를 낱낱이 기록한 13,000여 장이 친일 인명 카드를 바탕으로 세 권으로 된『친일인명사전』을 발간하였는데요.『친일인명사전』은 을사늑약 전후부터 1945년 8월 15일 광복에 이르기까지 일본 제국주의의 국권 침탈, 식민 통치, 침략전쟁에 적극 협력함으로써 우리 민족 또는 타 민족에게 신체적·물리적·정신적으로 직간접적 피해를 끼친 친일 반민족 행위와 부일 협력 행위를 한 인물 중 4,389명을 수록한 사전입니다. 사전 편찬 과정에는 자신이나 선조의 친일 행위에 떳떳하지 못한 기득권 세력의 저항으로 많은 우여곡절이 있었는데요. 결국 2004년 『오마이뉴스』를 중심으로 한 네티즌들의 자발적인 모금 운동을 시작으로 국민 성금이 계속 이어져 사전을 발간할 수 있었습니다.

이를 계기로 친일 문제를 비롯한 과거사 청산은 시대의 흐름이 되었으며 권력 기관과 사법부에서도 과거 청산을 위한 조치가 이어졌습니다.

『친일문학론』, 친일파 연구의 첫 결실

임종국 선생은 1929년 경남 창녕에서 4남 3녀 중 2남으로 태어났습니다. 선생은 1952년 출세가 보장되는 고려대학교 정치외교학과에 입학하였습니다. 판사나 검사와 같은 법조인이 되기 위해 고시 공부에 매달리기도 하였습니다.

경제적 어려움과 건강 문제로 막막하던 시기에 일제 강점기의 천재 시인 이상의 글을 읽었는데요. 이를 계기로 이상 시인을 자신의 분신으로 여기며 이상의 글과 자료를 모아 3권으로 된 『이상 전집』을 1956년에 출간하였습니다. 『이상 전집』은 초판이 몇 달 만에 다 팔릴 정도로 인기가 있었으며 문학 관련 인사들에게 유명세를 타게 되었습니다.

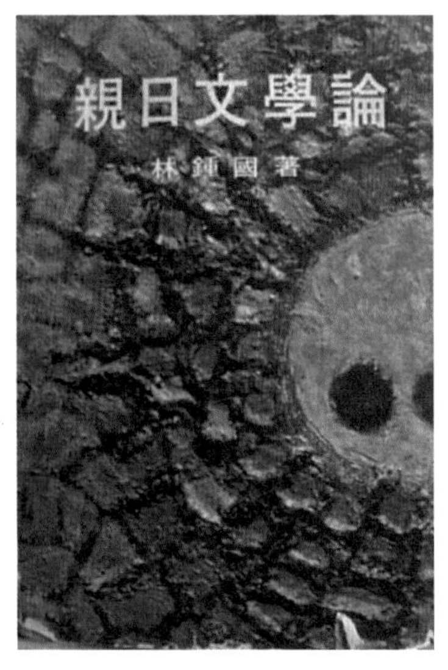

1966년에 출간한 『친일문학론』

5·16 군사 정변으로 집권한 박정희 정부는 정권의 정당성을 확보하기 위한 경제 개발에 많은 자금이 필요해지자 대일 청구권을 이용하여 자금을 확보할 계획으로 한일 회담을 추진하였습니다. 학생, 시민, 언론이 굴욕적인 한일 회담 반대와 정권 퇴진을 위한 시위를 벌이자, 1965년에 박정희 정부는 군대를 동원한 가운데 한일 회담을 최종 승인하였습니다.

1945년 일본 병사가 "20년 후에 다시 만나자"면서 한국을 떠난 뒤, "제2의 이완용이 되더라도" 회담을 타결하겠다는 정부 관료에 의해 꼭 20년 만에 맺어진 한일 회담의 실상은 일제 침략과 식민 지배에 대한 사죄와 배상이라는 국민의 희망과는 거리가 멀었습니다.

선생은 한일 회담의 과정을 지켜보면서 제2의 친일파가 나오지 못하도록 『친일문학론』을 쓰기로 결심하고 집필에 들어가 1966년 『친일문학론』을 출간하였습니다. 이 책에는 1,000명의 인물이 수록되었고, 문인, 예술가 150명 중 50명의 친일 작품을 분석했습니다. 『친일문학론』의 출판은 '친일'이라는 금기의 영역을 깬 역사적인 사건이었습니다. 출판 당시 지식인 사회에 큰 충격을 주었으며 1970~1980년대 독재정권 시기에 감옥에 갇혔던 민주 인사들의 필독서가 되었습니다.

현재까지도 이 분야의 연구에서 『친일문학론』을 뛰어넘는 연구 성과가 없는 것은 선생의 친일파 연구에 대한 열정과 1차 자료에 대한 치열하고 꼼꼼한 탐색 때문입니다.

『친일문학론』 집필을 위해 자료를 찾다가 조선 청년들에게 일본 천황 폐하를 위해 전쟁에 나가라고 강연했던 아버지 임문호의 신문 기사를 보고 깜짝 놀랐습니다. 곧바로 한걸음에 집으로 달려가 아버지에게 사실을 확인했습니다. 아버지는 태연하게 "내 이름도 넣어라. 그 책에서 내 이름이 빠지면 그 책은 죽은 책이다"고 말하였습니다. 『친일문학론』에 아버지 임문호의 친일 행위도 실렸습니다.

천안, 임종국 선생의 친일파 청산 노력을 계승하는 전진 기지

천안 평화 공원에 있는 임종국 선생 조형물에 새겨져 있는 선생의 유고입니다.

친일한 일제하의 행위가 문제가 아니라 참회와 반성이 없었다는 해방 후의 현실이 문제였다. 이 문제에 대한 발본색원의 과정이 없는 한 민족 사회의 기강은 헛말이다. 민족사에서 우리는 부끄러운 조상임을 면할 날이 없게 되는 것이다.

'천안'이라는 땅이름은 한반도를 재통일하고 고려를 세운 왕건으로부터 유래합니다. 사람에게 평안함이란 어떤 모습의 삶일까요. 개인적으로는 의식주의 해결과 문화생활을 누리는 삶이고 국가적으로는 국민의 삶의 질을 보장하고 외세의 간섭이 없는 자주적인 상태가 아닐까요.

일본은 한반도 침략에 대한 노골적인 책임 회피를 넘어서서 역사 왜곡을 통해 정당화하려고 꼼수를 부리고 있습니다. 일제 강점기 조선인 강제 노역의 현장인 일본 니가타현 사도 광산에 대해 유네스코 세계문화유산 등재를 추진하고 있습니다. 국내에서는 식민지 근대화론을 비롯한 일제의 식민 지배를 긍정하는 친일파 추종 세력이 공공연하게 활동하고 있습니다. 이와 같은 흐름은 임종국 선생의 친일파 청산을 위한 작업이 결코 중단돼서는 안 된다는 것을 말해주고 있습니다.

천안은 민족정기의 용광로입니다. 반외세 반봉건의 기치로 일어나 싸웠던 동학농민군의 세성산 전투, 민족의 독립을 위해 생명을 바친 아우내 만세 운동의 주역인 유관순 열사와 김구응 열사, 대한민국 임시 정부의 정신적 지주였던 이동녕 선생 등이 살았던 독립과 자주의 고장입니다.

암울한 군사 정권 시기에 임종국 선생이 친일파 연구에 온몸을 바친 도시가 천안입니다. 독립 자주정신과 임종국 선생의 친일파 청산 노력을 계승, 실천하여 세상에서 가장 편한 도시 천안을 일구어 가면 어떨까요.

시민의 힘으로 만들어가는 민주주의

신부 평화공원

한국 현대사를 관통하는 3가지 조형물

천안에는 크고 작은 공원들이 많습니다. 공원은 시민에게 휴식을 제공하는 공공장소이며, 사람들이 모여 서로 소통하고 문화를 공유하는 공간입니다. 나아가 공원은 우리가 지향하는 가치를 다양한 조형물을 통해 시각적으로 표현하기도 합니다. 자연과 조화를 중요하게 여기는 조형물을 통해 환경보호의 중요성을 알리기도 하고, 역사적인 사건을 담은 조형물을 통해 우리가 기억하고 기념해야 하는 가치를 생각하게 합니다.

우리가 오늘 가 볼 공원은 천안 종합터미널 주변에 있는 신부 평화공원입니다. 바로 우리가 기억하고 기념해야 하는 가치를 담은 공원이죠. 만약 찾아간다면 평화의 소녀상을 검색해서 찾아가는 것을 추천해요. 주변에

❶ 신부 평화공원의 평화의 소녀상
❷ 평화의 소녀상에서 바라본 임종국 흉상과 6월 항쟁 조형물
❸ 임종국 선생의 흉상. "영광의 기록만이 역사는 아니다"라고 씌어 있다.

신부 문화공원도 있어서 헷갈릴 수 있습니다.

신부 평화공원은 신부공원이라는 행정적 명칭이 있지만, 평화 공원이라고 더 많이 불리고 있습니다. 한국 현대사를 관통하는 평화의 소녀상, 임종국 선생 흉상, 그리고 6월 민주항쟁 30주년 기념 표석이 있기 때문입니다.

평화의 소녀상은 일본군 위안부와 관련한 조형물입니다. 평화의 소녀상은 2015년에 시민 모금을 통해 세워졌습니다. 평화와 인권의 상징인 소녀상은 일본군 위안부의 14~16세 모습을 재현했습니다. 할머니 형상의 그림자를 통해 오랜 시간 풀리지 않는 한을 표현하며, 옆에는 세상을 떠난 피해자의 자리이자, 시민이 앉아 함께 고통에 공감할 수 있는 빈 의자가 놓여 있습니다.

임종국 선생 흉상은 2016년에 시민 모금으로 만들어졌습니다. 친일파 청산을 위해 노력한 임종국 선생의 업적을 기리기 위해 조성되었습니다. "영광의 기록만이 역사는 아니다"라고 쓰여 있는 흉상은 우리가 잊지 않고 기록하고 기억해야 하는 친일파 청산에 대한 역사를 말해 줍니다.

6월 민주항쟁 기념 표석을 같이 볼까요? 이 조형물은 2017년에 1987년 6월 항쟁의 30주년을 기념하면서 만들어졌습니다. 6월 민주항쟁 30주년 기념 사업회와 시민들이 중심이 되어 표석을 세웠습니다. 신부 평화공원의 세 가지 조형물은 모두 시민들의 참여로 만들어졌다는 뜻깊은 의미가 있네요!

갈라져 있는 조형물에는 군부 독재 정권을 무너트린 시민들의 시위 모습이 담겨져 있습니다. 왼편에는 대한민국 헌법 제1조의 문장인 '대한민국의 주인은 국민이다'가 새겨져 있습니다. 문구 위의 불꽃 형상은 2016년의 박근혜·최순실 국정 농단을 규탄하는 촛불 집회를 상징합니다. 1987년의 민주항쟁과 30년 뒤의 2016년 촛불을 기념하는 조형물입니다.

그런데 왜 6월 민주항쟁을 기념하는 조형물을 만든 것일까요? 6월 항쟁

6월 민주항쟁 30주년 기념 표석

은 1987년 6월 10일부터 27일까지 전국에서 일어난 반독재, 민주화 시위를 말합니다. 전두환을 비롯한 신군부 세력은 1979년 12·12 군사 반란으로 권력을 장악합니다. 1987년은 대통령선거인단을 통한 간접선거로 12대 대통령 선거에 선출된 전두환 정권의 마지막 임기가 끝나가는 해였습니다.

1985년 총선의 결과 야당이 승리한 것을 기점으로 대통령 직선제와 민주화에 대한 국민의 요구는 높아지고 있었습니다. 전두환 대통령은 대통령 직선제 개헌을 요구하는 민주화 운동을 강경하게 탄압했습니다. 1987년 1월 서울대 학생 박종철 군이 조사를 받던 중 사망하는 사건이 일어나고 민주화 운동이 거세지자 정부에서는 직선제 개헌 논의를 중단시키고 현행 대통령 간선의 헌법을 요구하겠다는 '4·13 호헌 조치'를 발표합니다. 조치 이후 민주화 운동은 전국에서 일어났고, 5월 18일 천주교정의구현사제단에서 박종철 고문치사 사건이 은폐, 축소 조작된 사실을 폭로했고 6월 9일에는 연세대 학생인 이한열이 시위 과정에서 머리에 최루탄 파편이 박혀 쓰러지는 사건이 발생합니다. 사건을 계기로 6월 10일부터 천안을 비롯하여 대전, 부산, 춘천, 광주, 제주 등 전국 각지에서 민주화 시위는 전개되었습니다. 마침내 6월 29일 대통령 직접 선거와 국민의 기본권 보장, 정치 인사의 석방을 골자로 하는 6·29 민주화 선언을 이끌어 내면서 대통령 직선제를 쟁취하게 됩니다.

이후 민주화 투쟁은 1987년 7월부터 9월까지 전국적으로 일어난 1987년 노동자 대투쟁으로 이어집니다. 또 교육의 민주화, 통일 시민, 여성, 환경, 인권 등 정치를 넘어선 사회 전반에 민주주의가 뿌리를 내리게 되었습니다. 1987년 6월 항쟁으로 우리는 획일화된 사회에서 자신의 의견을 말하고 반영할 수 있는 다원화된 민주주의 사회로 한 걸음 나아가게 됩니다.

이렇듯 1987년은 전국적으로 민주화 운동으로 뜨거웠던 해입니다. 그렇다면 천안에서의 6월 항쟁은 어떻게 전개되었을까요?

학생, 농민, 종교인이 중심이 된 천안에서의 6월 항쟁

천안의 6월 민주항쟁은 학생, 농민, 그리고 개신교와 천주교 오룡동 교회를 중심으로 하는 종교계 인사들을 중심으로 전개되었습니다. 당시 천안에는 많은 사람이 오가는 교통의 중심지 천안역과 함께 단국대, 호서대,

천안 오룡동 성당 전경

상명여대 등의 대학이 있었습니다. 그리고 1987년의 천안은 지금보다 논과 밭이 더 많이 있는 농촌을 포함하고 있었습니다.

천안역 동부광장을 지나 10분 정도 걸어가면 천주교 오룡동 교회를 볼 수 있습니다. 현재 이전한 시외버스 터미널과 고속버스 터미널은 원래 천안역에서 오룡동 교회로 가는 길에 있었습니다. 따라서 이곳은 천안 시내가 아닌 다른 지역의 농민, 대학생들도 쉽게 찾아올 수 있었을 것입니다.

당시 정부이 농축산물 수입 정채과 부합 영농 정책으로 큰 빚을 지게 된 농민들이 많았습니다. 1986년 천안 인근 아산에서 영농 후계자 오한섭 씨가 자결하는 사건이 발생하자 가톨릭 농민회를 중심으로 천주교 오룡동 교회에서 고인의 추모를 위한 집회와 농가 부채 탕감을 위한 집회가 벌어졌습니다. 농민들은 농가의 부채를 줄이고자 하는, 삶과 직결된 문제뿐만 아니라 민주화를 위해서도 투쟁합니다. 또한 천안역으로 집결하여 시위하는 양상을 보였습니다.

당시 대학생들은 천안뿐만 아니라 서울 등지에서 온 학생들이 많았습니다. 학생들은 서울의 운동과 밀접히 관련을 맺으면서도 가톨릭 학생회, 교회 관련 단체를 통해 지역사회와도 활발히 교류하며 민주화 운동을 전개했습니다. 단국대, 호서대, 상명여대 등에서 활발하게 학생운동이 전개되었습니다.

종교계에서는 개신교의 김영범 목사, 허원배 목사를 중심으로 개혁적

6월 민주항쟁의 큰 역할을 한 천안역. 대학생들은 천안역을 통해 서울로 가서 서울의 민주화 운동에 참여하고 내려와 서울의 상황을 알려주며 천안에서 민주화 운동을 이끌었다.

사회운동의 기반을 마련하고 천주교에서는 천주교 오룡동 교회를 중심으로 농업문제, 박종철 군 추모 집회 등 다양한 미사가 전개되었습니다.

농민, 학생 그리고 종교계는 서로 교류하면서 민주화 운동을 진행합니다. 그 움직임이 가장 커진 것이 바로 6월 민주항쟁이었습니다.

운명의 6월 10일 오룡동 교회에서는 '호헌철폐 및 민주 헌법 쟁취를 위한 시민대회'를 열 예정이었습니다. 경찰이 정보를 듣고 교회를 봉쇄하자 대회는 천안시청(오늘날의 동남구청) 앞에서 진행되었습니다. 천안 지역의 대학생들은 단국대 천안캠퍼스에서 모여 시내로 진출하였습니다. 고속터미널에서 천안역까지 행진하면서 '호헌 철폐, 독재 타도' 등의 구호를 외쳤습니다. 농민들의 경우 미도파백화점(오늘날의 파고다아파트) 앞에 모여 풍물놀이, 정치 연설 등의 정치 집회를 진행했습니다. 세 시위대는 저녁 8시에 동양 고속 터미널에 집결해 저녁 9시까지 집회를 진행했습니다. 이후 시위대는 천안역으로 진출하고 경찰이 무력으로 저지하자 시위대와 충돌해 파출소의 유리창과 문이 파손되기도 하였습니다.

이후 6월 15일에는 북일고, 복자여고 등 고등학생들과 대학생들의 산발적인 시위와 연합 시위가 벌어지는 등 1987년 천안은 매우 뜨거웠습니다.

6월이 끝난 이후에도 버스 기사와 버스 안내양의 임금 인상을 위한 시위가 1987년 8월 21일 천안역광장에서 벌어지고, 9월 20일에는 민주교육추진 충남교사협의회가 봉명동 시온 감리교회에서 결성되는 등 6월 항쟁의 불꽃은 천안 지역 사회 전반으로 확산됩니다.

나와 우리를 위한 민주주의

민주주의라는 것은 무엇일까요? 흔히 국민에게 주권이 있는 사상을 민주주의라고 정의합니다. 그렇다면 어떻게 하면 우리는 주권을, 주인된 권리를 가질 수 있을까요? 정당하게 자신의 의견을 말하고, 권리와 의무를 다하는 것이 주인으로서의 첫 걸음일 것입니다. 오늘날 우리는 자신의 의견을 말하면 박수를 받을 수 있는 사회에서 살고 있습니다. 우리의 의견을 말하고, 우리의 권리가 존중되는 나라를 만들기 위해 많은 노력이 있었고 천안 사람들도 노력했습니다.

신부 평화공원의 6월 항쟁 30주년 표석 앞에서 다시 생각해 봅니다. 시민들의 힘으로 세워진 이 표석은 우리가 지켜나가야 할 가치가 무엇인지 묻고 있습니다. 오늘 우리가 누리는 민주주의는 당연한 것이 아니었음을. 많은 사람의 노력으로 세워진 이 표석처럼 민주주의도 많은 사람의 노력으로 우리의 것이 된 것임을.

역사의 가장 중요한 것은 바로 기억하는 것입니다. 우리가 기억하고 생각하고 이어진다면 그 자체로도 큰 의미를 줄 것입니다.

6월 항쟁 30주년 표석은 시민들의 기억과 성찰, 그리고 행동이 이어진 결과물입니다. 30년이라는 시간 동안 '나' 가 아닌 '우리'를 생각하며, 민주주의를 위해 행동하고, 그것을 기억하며 지금 이 앞에 있습니다. 개인의 이익이 아니라 공동체를 위한 행동을 실천하고, 아닌 것은 아니라고

당당하게 이야기할 때, 우리는 한 걸음씩 나아가 더 나은 세상을 만들어

갈 수 있습니다.